2024年版

# 中検準1級・1級試験問題

## ［第108・109・110回］解答と解説

一般財団法人
日本中国語検定協会 編

白帝社

## 音声ファイルの再生方法について

■ 『中検準1級・1級試験問題2024［第108・109・110回］』の音声ファイル（MP3）は，下記サイトにアクセスし，無料でストリーミングやダウンロードで聞くことができます。

https://www.hakuteisha.co.jp/audio/chuken/j11-2024.html

■ **ストリーミングで聞く場合**（スマートフォン，パソコン，Wi-Fiがある所でおすすめ）:「ストリーミング」の下にあるトラック番号を選択（タッチまたはクリック）すると再生されます。

■ **ダウンロードで聞く場合**（パソコンでおすすめ）:「ダウンロード」の下にあるファイル名を選択（クリック）します。ファイルはZIP形式で圧縮された形でダウンロードされます。スマートフォンで行う場合の参考情報は，v頁をご覧ください。

■ 発行より年月がたっているものは，ダウンロードのみとなります。

■ 本文中の ⬭ マークの箇所が音声ファイル（MP3）提供箇所です。会場での受験上の注意を収録したトラック01，02，53は，本書「問題」部分には記していません。

■ 本書と音声は著作権法で保護されています。

### ご注意

＊ 音声の再生には，MP3ファイルが再生できる機器などが別途必要です。

＊ ご使用機器，音声再生ソフトに関する技術的なご質問は，ハードメーカー，ソフトメーカーにお問い合わせください。

ストリーミングやダウンロードがご利用できない場合はCDをお送りします。下記白帝社宛にお問い合わせください。

171-0014　東京都豊島区池袋2-65-1　白帝社CD係

info@hakuteisha.co.jp　Tel：03-3986-3271　Fax：03-3986-3272

①ご希望のCDの書名:『中検準1級・1級試験問題2024［第108・109・110回］』，②お送り先の住所・電話番号，③ご氏名をお知らせいただき，④ご入金の確認後にCDをお送りいたします。

# まえがき

　私たちの協会はこれまで各回の試験が終わるごとに級別に試験問題の「解答解説」を発行し，また年ごとに試験問題と解答解説を合訂した「年版」を公表してきました。これらは検定試験受験者だけでなく，広く中国語学習者や中国語教育に携わる先生方からも，大きな歓迎を受けてきましたが，ただ主として予約による直接購入制であったため，入手しにくいので一般の書店でも購入できるようにしてほしいという声が多く受験者や学習者から寄せられていました。

　その要望に応えるため，「年版」の発行を中国語テキストや参考書の発行に長い歴史と実績を有する白帝社に委ねることにしました。「各回版」の方は速報性が求められ，試験終了後直ちに発行しなければならないという制約を有するため，なお当面はこれまでどおり協会が発行し，直接取り扱うこととします。

　本書の内容は，回ごとに出題委員会が作成する解答と解説に準じていますが，各回版刊行後に気づいた不備，回ごとの解説の粗密や記述体裁の不統一を調整するとともに，問題ごとに出題のねらいや正解を導くための手順を詳しく示すなど，より学習しやすいものになるよう配慮しました。

　本書を丹念に読むことによって，自らの中国語学習における不十分なところを発見し，新しい学習方向を定めるのに役立つものと信じています。中国語学習者のみなさんが，受験準備のためだけでなく，自らの学力を確認するための目安として本書を有効に活用し，学習効果の向上を図られることを願っています。

2024 年 4 月

一般財団法人　日本中国検定協会

# 本書について

　本書は，日本中国語検定協会が 2023 年に実施した第 108 回（3 月），第 109 回（6 月），第 110 回（11 月）中国語検定試験の問題とそれに対する解答と解説を，実施回ごとに分けて収めたものです。リスニング問題の音声はダウンロードして聴くことができます。

## 問　題

・試験会場で配布される状態のものに，音声のトラック番号を ⓪3 のように加えています。ただし，会場での受験上の注意を収録した各回のトラック 01，02，53 は記していません。

## 解答と解説

・問題の最初に，出題の形式や狙いと細かい配点を示しています。
・4 択式の解答は白抜き数字❶❷❸❹で，記述式の解答は太字で示しています。解説は問題ごとに　　　内に示しています。
・問題文と選択肢のすべてに日本語訳例を付し，筆記の選択肢の語句にピンインを付けています。
・ピンイン表記は原則として《现代汉语词典 第 7 版》に従っていますが，"不" "一" の声調は変調したものを示しています。
　"没有" は動詞は méiyǒu，副詞は méiyou のように表記しています。
　軽声と非軽声の 2 通りの発音がある場合は，原則として軽声の方を採用しています。例："打算 dǎ·suàn" は dǎsuan，"父亲 fù·qīn" は fùqin，"因为 yīn·wèi" は yīnwei。
・音声のトラック番号は，⓪4 のように示し，繰り返しのものを割愛しています。

## 解答用紙見本

・巻末にマークシート式の解答用紙の見本（一部。70％縮小）があります。記入欄を間違えないように，解答欄の並び方を確認しましょう。

**参考情報** スマートフォンで音声ダウンロードと再生を行う手順

https://www.hakuteisha.co.jp/audio/chuken/j11-2024.html

・Android，iPhone：次の手順で再生してください。

① QR コードを読み取るか，ブラウザに URL を入力して，音声ダウンロードページを開きます。

⇩

② ダウンロードしたいものを選択（タッチ）すると，ダウンロードされます。

⇩

③ ダウンロードしたものが保存されている場所を開き，ダウンロードしたものを開きます。

⇩

④ ダウンロードしたファイルを選択し，聞きたいトラック番号を選択して，再生します。

＊スマートフォンの機種や使用アプリ，アプリのバージョンによって操作方法は少し異なることがあります。

# 目　次

# 準1級第108回
## (2023年3月)

**問 題**

解答時間：計120分

配点：リスニング100点，筆記100点

**解答と解説**

03 **1** 中国語を聞き，⑴～⑽の問いの答えとして最も適当なものを，①～④の中から1
つ選びなさい。
(50点)

04
12

05
13

06
14

07
15　⑴
　　①　　　　　　　②　　　　　　　③　　　　　　　④

08
16　⑵
　　①　　　　　　　②　　　　　　　③　　　　　　　④

09
17　⑶
　　①　　　　　　　②　　　　　　　③　　　　　　　④

10
18　⑷
　　①　　　　　　　②　　　　　　　③　　　　　　　④

11
19　⑸
　　①　　　　　　　②　　　　　　　③　　　　　　　④

20
28

21
29

22
30

23　(6)

31　　① ② ③ ④

24　(7)

32　　① ② ③ ④

25　(8)

33　　① ② ③ ④

26　(9)

34　　① ② ③ ④

27　(10)

35　　① ② ③ ④

36 **2** 中国語を聞き，その中から指定された 5 か所を漢字で書き取りなさい。 （50 点）

37
45
50

38
46
51

39
47
52

40
41
42
43
44
45
46
47
48
49

4

## 筆 記 （⇨解答と解説21頁）

**1** 次の文章を読み，(1)～(10)の問いの答えとして最も適当なものを，①～④の中から
1つ選びなさい。 (20点)

　在功利主义者眼中，书之为物，解不得渴，充不了饥，当枕头唯恐硌得慌，
垫桌脚又嫌占地方。然而，我对书的钟爱可谓是 ____(1)____ ，因为它曾经温暖了我
的岁月。

　小时候无处可去，又不爱交友，唯有书算是我一个知己。但凡上面有字的纸，
我都倍感亲近，仿佛前世有缘一般。什么小说、连环画、字典、词典、教材，我
都爱看，甚至连日历、香烟盒亦未曾放过。当同龄孩子整天还在打弹子玩耍的时
候，我已经把学校阅览室里的书都看完了。听说语文老师的阁楼里藏了很多书，
我便 ____(2)____ 起勇气去借来读。

　上小学之前，母亲为了培养我对文字的感觉和兴趣，曾将《吕氏春秋》中许
多典故翻译成白话文讲给我听。但当我的双脚 ____(3)____ 校门以后，她便不许我再
看课本以外的闲书了。 ____(4)____ 被她发现我夜里在看闲书，轻则训斥一番，重则
将书没收。故而借来的书，别说放到几案上了，连翻书都不敢用力，想咳嗽都得
忍着。听到门外有脚步的声响，就速速熄灯，待脚步声去远，再开灯继续品读。
读得(5)疲倦了，便抱书而眠，醒来已是天明，灯仍亮着，书仍抱着。这样的日子
虽紧张而慌乱，多年后想起，还是 ____(6)____ 的快乐和满足。

　随着年岁增长，我开始不满足于只是看了，偶尔也会写一些不成熟的文字。
____(7)____ 几年过去，仍未有一篇让自己得意的文章，却从未想过放弃，正如我未
曾想过放弃读书一样。

　如今我工作已近十年，看书的时间愈发少了，但买书的习惯依然保留，也不
知是不是为了 ____(8)____ 曾经买不起书的遗憾。买来之后，将书放在架子上，摊在
桌子上，摆在窗台上。我喜欢听风掀动书页的声响，像 ____(9)____ 的蚂蚁在眼前爬
过，像调皮的猫儿用爪子踩着人的脚背，像风雨将至时有人撑着伞在门口等你。
明明什么都没有做，却仿佛得到了整个世界。

(1) 空欄(1)を埋めるのに適当なものはどれか。

　　① 如饥似渴　　② 生吞活剥　　③ 饥肠辘辘　　④ 推陈出新

(2) 空欄(2)を埋めるのに適当なものはどれか。

　　① 拿　　　　　② 鼓　　　　　③ 打　　　　　④ 拍

(3) 空欄(3)を埋めるのに適当なものはどれか。

　　① 跨越　　　　② 走过　　　　③ 踏上　　　　④ 迈进

(4) 空欄(4)を埋めるのに適当なものはどれか。

　　① 一从　　　　② 一旦　　　　③ 一概　　　　④ 一再

(5) 下線部(5)の正しいピンイン表記はどれか。

　　① pǐjuàn　　　② pǐjuǎn　　　③ píjuàn　　　④ píjuǎn

(6) 空欄(6)を埋めるのに**適当でないもの**はどれか。

　　① 格外　　　　② 异常　　　　③ 经常　　　　④ 特别

(7) 空欄(7)を埋めるのに適当なものはどれか。

　　① 即便　　　　② 假使　　　　③ 竟然　　　　④ 无论

(8) 空欄(8)を埋めるのに適当なものはどれか。

　　① 补充　　　　② 消除　　　　③ 除却　　　　④ 弥补

(9) 空欄(9)を埋めるのに適当なものはどれか。

　　① 投机取巧　　② 一劳永逸　　③ 拉帮结伙　　④ 成群结队

⑽ 本文の内容と**一致しないもの**はどれか。

　　① 在功利主义者眼中，书是毫无功利可言的。

　　② 我对书抱有一种仿佛是与生俱来的亲近感。

　　③ 我喜爱书，但还没写过令世人满意的文章。

　　④ 我只要拥有书，就有一种拥有世界的感觉。

**2** (1)～(10)の中国語の空欄を埋めるのに最も適当なものを，①～④の中から1つ選びなさい。 (20点)

(1) 微风送来了一（　　　）浓郁的芳香。

　　① 条　　　　　② 股　　　　　③ 束　　　　　④ 面

(2) 他受了不少委屈，发几句（　　　），完全可以理解。

　　① 脾气　　　　② 不平　　　　③ 牢骚　　　　④ 批评

(3) 你做出这样的傻事，把自己的锦绣前程给（　　　）了。

　　① 误伤　　　　② 失误　　　　③ 误判　　　　④ 耽误

(4) 他个人的一个错误决定（　　　）公司利益损失了几千万元。

　　① 引导　　　　② 导致　　　　③ 诱导　　　　④ 导向

(5) 我们做事情，要（　　　）方式方法，不能蛮干。

　　① 讲述　　　　② 查究　　　　③ 讲究　　　　④ 申述

(6) 小王朝气（　　　），锐意进取，今后能成为公司的栋梁。

　　① 蓬勃　　　　② 沸腾　　　　③ 郁积　　　　④ 沉淀

(7) 听到双方语气缓和下来，总经理（　　　）顺水推舟，劝他们和解。

　　① 赶巧　　　　② 茫然　　　　③ 猛然　　　　④ 赶忙

(8) 他对警察说："（　　　）那天，我就在现场，可以作证。"

　　① 出丑　　　　② 出局　　　　③ 出事　　　　④ 出名

(9) 处理实际问题，生搬硬套书本知识，往往会（　　　）。

　　① 闹肚子　　　② 闹笑话　　　③ 闹别扭　　　④ 闹情绪

(10) 这次鲜花展备受瞩目，吸引了（　　　）的游客。

　　① 成千上万　　② 千方百计　　③ 千山万水　　④ 万紫千红

(1)〜(8)の中国語の下線部の説明として最も適当なものを，①〜④の中から１つ選びなさい。

(16点)

(1) 他写的小说太晦涩了，对我来说就像<u>天书</u>一样。

　　① 比喻难懂的文章。

　　② 比喻深邃的书法。

　　③ 比喻蹩脚的文章。

　　④ 比喻拙劣的书法。

(2) 事已如此，<u>生米煮成熟饭</u>，我不同意又有什么用呢?

　　① 比喻事情结果很好，不能反对。

　　② 比喻事情进展顺利，不用担心。

　　③ 比喻事情进展不顺，但毫无办法。

　　④ 比喻事情已经做成，不能再改变。

(3) 听他说得<u>有鼻子有眼儿</u>的，我也没多想就信了。

　　① 形容说话有根有据，以理服人。

　　② 形容把虚构的东西说得很逼真。

　　③ 形容说话摆事实讲道理，令人心服。

　　④ 形容把错误的东西说成正确的。

(4) 遇到困难不能灰心丧气，先要有<u>车到山前必有路</u>的乐观精神。

　　① 比喻事到临头，总会有解决的办法。

　　② 比喻事到临头，总会有良好的结果。

　　③ 比喻事到临头，就应该顺其自然。

　　④ 比喻事到临头，就只能听天由命。

⑸ 早听说要涨工资了，可就是<u>干打雷不下雨</u>，迟迟不见动静。

　　① 比喻只有名誉，没有实际的利益。

　　② 比喻只有名誉，没有具体的恩惠。

　　③ 比喻只有声势，没有实际行动。

　　④ 比喻只有声势，没有现实可能。

⑹ 既然事情到了这种地步，我就<u>豁出去</u>了。

　　① 指不惜付出任何代价。

　　② 指不珍惜自己的地位。

　　③ 指碰碰自己的运气。

　　④ 指见事不妙，溜之大吉。

⑺ 他把我们的忠告全当作<u>耳边风</u>，以致事态不可收拾。

　　① 比喻亲朋好友间说的家常话。

　　② 比喻朋友对自己说的悄悄话。

　　③ 比喻听过后不放在心上的话。

　　④ 比喻听过后忘不了的风凉话。

⑻ 所谓<u>浪子回头金不换</u>！只要能洗心革面，重新做人，就是好样的。

　　① 指做了坏事的人即使改过自新也不值钱了。

　　② 指不走正道的人改邪归正后极其可贵。

　　③ 指做了坏事的人要用金子救赎自己的罪过。

　　④ 指做了坏事的人金子也赎不了自己的罪过。

4 次の文章を読み，ピンイン表記の(a)・(b)を漢字（簡体字）に改め，下線部(1)・(2)を日本語に訳しなさい。 （20点）

想做一个简单快乐的人，我的(a)mìjué 是：莫往深处想。

记得少年时进山玩耍，母亲总是告诉我不要往深处走，她怕我走得过远，一旦迷了路回不了头。长大后面对各种各样的事情，我也总是提醒自己不要往深处想。(1)因为任凭你无节制地想来想去，事情还是要一步一步去做，与其想入非非，不如脚踏实地做。也曾有过胡思乱想的时候，钻入了牛角尖，进不去出不来，进退两难，一番痛苦纠结之后，才发现那个往深处想的自己已经迷了路。

再困难的条件，再复杂的形势，再恶劣的环境，再苦再累的工作，只要不往深处想，咬咬牙也就挺过去了。(2)真正拖垮打败你的，是你自己把简单的事情想复杂，把复杂的事情弄成死结，然后钻进死胡同。愈往深处想，方向愈迷茫，最终被迷茫困住自己的手脚，动弹不得，困以待毙。

莫往深处想，体现的不仅是一个人的性情和习惯，更是一个人的胸怀与格局。毕竟人生要深思(b)shúlǜ 的事情不会很多，只要将胸怀放大，不患得患失，则一切都不是问题。

10

5 (1)・(2)の日本語を中国語に訳しなさい。また，(3)の指示に従って中国語で文章を書きなさい。 (24点)

(1) 日中国交正常化50周年は，戦後史に刻まれる重要な1ページだが，日中両国の二千年に及ぶ交流史を考えれば，まさに一瞬間に過ぎない。わたしは人と人との交流によってこそ真の平和が実現できると考える。

(2) 子どもの頃，クラシック音楽の演奏会に行く人はわずかであった。インターネットの普及により，偉大な音楽家の名曲を一流の演奏で聴くことができる。つくづく恵まれた時代になったと思う。

(3) 「読書」について，次の3つの語句をすべて使用して50字以上80字以内で書きなさい。

（使用した3つの語句には下線を引くこと。）

"知识" "人生" "丰富"

※句読点も1字と数えます。文頭を2マス空ける必要はありません。

**1** 600 字程度の 2 つの文章を聞き，内容についての問い 5 問ずつに答えます。ポイントとなる内容を聞き取り，全体の趣旨をつかむ能力を問います。(各5点)

解答：(1)**❷** (2)**❸** (3)**❹** (4)**❹** (5)**❷** (6)**❸** (7)**❷** (8)**❶** (9)**❹** (10)**❸**

(1)〜(5)の中国語

04 根据统计数据显示，截至 2021 年底，中国 60 岁以上老年人口达 2.67 亿。预计到 2025 年，60 岁以上老年人口总量将突破 3.1 亿，占全国总人口的比例超过 20%，中国将进入中度老龄化阶段。2035 年左右，60 岁以上的老年人口将突破 4 亿，占比超过 30%，进入重度老龄化阶段。

长寿不应该只是自然年龄的长寿，更应该是有尊严的健康长寿。国家老年医学中心的负责人说，我国人均寿命已经提高到 2021 年的 78.2 岁，但老年人健康寿命有待提升。在推进老年医疗卫生服务体系建设的同时，我们尤其要注意提高老年人主动进行疾病预防和自我健康管理的意识。

05 复旦大学老龄研究院的专家指出："在我国 60 岁以上人口中，60 至 69 岁的低龄老年人口占 55.83%，也就是说现在是以低龄化为主的老龄化。"这些低龄老年人刚刚退休不久，他们有参与社会活动的强烈愿望，愿意为社会继续做贡献，这就需要以健康的体魄为基础。实际上，"想健康却不知如何健康"是现在大多数老年人的真实状况。所以我们应该将积极的老龄观理念融入经济社会发展的全过程。我们不仅要关心高龄老年人和失能失智老年人，同时还要关注低龄老年人的健康问题。

06 如何树立积极的老龄观理念？我们倡导老年人主动参与社会活动，树立终身学习的观念。大量研究表明，老年人的主动参与和健康之间存在着相关关系，越积极投入社会活动，老年人的健康状态会越好。所以有人说，与养老院的床位相比，老年大学的座位是一种更经济、更实用、更积极的选择。总之，我们要更正面地对待老龄化问题，更全面地重视老年人的生活，更积极地看待健康养老。

訳：統計データによれば，2021 年末までに，中国の 60 歳以上の人口は 2.67 億に達している。2025 年には，全国の 60 歳以上の高齢者人口は 3.1 億を突破す

ると予想され，総人口に占める割合は 20％を超えることになり，中国は中程度の高齢化段階に入ることになろう。2035 年前後には，60 歳以上の高齢者人口は 4 億を突破し，パーセンテージは 30％を超え，重度の高齢化段階に入るであろう。

長寿は単に自然年齢の長寿だけではなく，より尊厳のある健康的な長寿であるべきである。国家老齢医学センターの責任者は，我が国の平均寿命はすでに2021 年の 78.2 歳まで向上しているが，高齢者の健康的な寿命を伸ばしていく必要がある。高齢医療衛生サービスシステムの確立を推進すると同時に，我々は高齢者が疾病の予防と自己健康管理を自発的に行う意識を高めることに特に意を注ぐ必要がある。

復旦大学老齢研究院の専門家は「我が国の 60 歳以上の人口の中で，60 ～ 69 歳の低年齢の高齢者人口は 55.83％を占めており，すなわち現在は低年齢化を主とする高齢化である」と指摘している。これらの低年齢の高齢者は退職したばかりで，彼らは社会活動に参加したいという強い願望を持っており，社会のため引き続き貢献したいと思っている。それには健康な心身を土台とする必要がある。実際に，「健康でありたいが，どのようにしたら健康でいられるか分からない」というのが現在の大多数の高齢者の現況である。そこでわたしたちは積極的な高齢観の理念を経済社会発展の全過程に組み入れることが要求されることになる。わたしたちは高年齢の高齢者や認知症高齢者に関心を払うだけでなく，同時にまた低年齢の高齢者の健康問題にも注意を払わなければならない。

積極的な老齢観の理念をいかに確立するか。わたしたちは高齢者が社会活動に主体的に参加し，生涯学習観を確立することを提唱している。多くの研究は，高齢者の主体的な参加と健康の間には相関関係があることを表明している。積極的に社会活動に参加すればするほど，高齢者の健康状態はますますよくなる。それゆえに，老人ホームのベッドに比べ，老齢大学の座席はより経済的，より実用的，より積極的な選択であると言う人がいる。要するに，わたしたちはより正面から高齢化問題と向き合い，より全面的に高齢者の生活を重視し，より積極的に健康的な老後対策と向き合うことが必要である。

07 (1) 問：到 2025 年，预计全国老年人口占全国总人口的比例是多少？
（2025 年には全国の高齢者人口が全国の総人口に占める割合はどれくらいになる見通しか。）

答：① 接近 20％。（20％に近づく。）

❷ 超过 20%。（20%を超える。）

③ 接近 30%。（30%に近づく。）

④ 超过 30%。（30%を超える。）

08 (2) 問：提升老年人健康寿命特别要注意什么？

（高齢者の健康寿命を伸ばすには特に何に気を配る必要があるか。）

答：① 特别要注意先把全国的人均寿命提高到 78.2 岁以上。（特にまず全国の平均寿命を 78.2 歳以上にまで高めることに気を配る必要がある。）

② 特别要注意家庭在推进建设老年医疗服务体系中的作用。

（特に家庭の高齢医療サービスシステムの確立を推進するうえでの家庭の役割に気を配る必要がある。）

❸ 特别要注意调动老年人主动进行疾病预防和健康管理的意识。

（特に高齢者が疾病予防や健康管理を主体的に行う意識を促すことに気を配る必要がある。）

④ 特别要注意社区在提升老年人健康预期寿命中的关键作用。

（特に地域の高齢者健康平均寿命を伸ばすうえでの地域の重要な役割に気を配る必要がある。）

09 (3) 問：为什么说中国目前的老龄化是以低龄化为主的老龄化？

（なぜ中国の現在の高齢化は低年齢化を主とする高齢化であると言うのか。）

答：① 因为他们有强烈的健康管理意识，还想为社会贡献余力。

（彼らは強い健康管理意識を持っており，社会のために余力をささげたいとも思っているから。）

② 因为他们有健康的体魄，还能为经济社会发展做贡献。

（彼らは健康な心身を持っており，経済社会の発展のために貢献したいとも思っているから。）

③ 因为刚满 60 岁的低龄老年人口占老年人口的近五成。

（60 歳になったばかりの低年齢の高齢者の人口が高齢者人口の 5 割近くを占めているから。）

❹ 因为不满 70 岁的低龄老年人口占老年人口的五成多。（70 歳未満の低年齢の高齢者の人口が高齢者人口の 5 割余りを占めているから。）

10 (4) 問：本文提倡的积极的老龄观理念是什么？

（本文が提唱する積極的な老齢観の理念とは何か。）

答：① 倡导高龄老年人积极参与经济生活，树立终身学习观。

（高年齢の高齢者が経済生活に積極的に参加し，生涯学習を続ける観念を確立することを提唱している。）

② 倡导老年人积极参与经济活动，努力提高健康水平。

（高齢者が積極的に経済活動に参加し，健康のレベルを高める努力をすることを提唱している。）

③ 倡导高龄老年人积极参与社会活动，完成人生目标。

（高年齢の高齢者が社会活動に積極的に参加し，人生の目標を成し遂げることを提唱している。）

❹ 倡导老年人积极参与社会生活，树立终身学习的观念。

（高齢者が積極的に社会生活に参加し，生涯学習を続ける観念を確立することを提唱している。）

11 (5) 問：与本文内容相符的是以下哪一项？

（本文の内容と一致するものは，次のどれか。）

答：① 截至 2021 年底，中国 60 岁以上人口已达 3 亿。*

（2021 年末までに中国の 60 歳以上の人口はすでに 3 億に達している。）

❷ 老年人越是积极参与社会活动，健康状态会越好。（高齢者は積極的に社会活動に参加すればするほど，健康状態はますますよくなる。）

③ 有少部分高龄老年人想健康却不知道如何健康。

（少数の高年齢の高齢者は健康を願っているが，どのようにしたら健康でいられるか分からない。）

④ 高龄老年人比低龄老年人更应该树立终身学习观。（高年齢の高齢者は低年齢の高齢者より一層生涯学習を続ける観念を確立すべきである。）

*リスニング音源では冒頭 "截止" jiézhǐ と発音していますが，正しくは "截至" jiézhì です。訂正してお詫びいたします。

⸺⸺⸺⸺
(6)～(10)の中国語
⸺⸺⸺⸺

20　　六月，虽是初夏，但天气已十分炎热。又到上体育课的时间了，同学们都匆匆跑到操场上集合。今天晴空万里，烈日当头，炙热的阳光直射在我的背上，觉得好像发高烧似的。不一会儿，满头是汗，汗水湿透了我的运动服。我擦了擦汗水，心中抱怨起来："这鬼天气，真让人受不了！"

　　经过高强度的体力训练后，我们都筋疲力尽，下课铃声一响，同学们拖

15

着蹒跚的脚步回教室去。刚才热闹的操场几乎不见一个人影，大家都赶快躲到教室里去享受空调的凉爽。

㉑　　这时，教室里十分安静，大家都在为下节课调整状态。突然，伴随着一串沉重的脚步声，一个瘦小的身影映入我的眼帘。仔细一看，那不是其貌不扬的小龙同学吗？只见他吃力地抱着一大箱矿泉水，累得气喘吁吁，汗流浃背，顾不得擦一擦脸上珍珠似的汗珠，将矿泉水放在课桌上。大家看到他那狼狈的样子，情不自禁地笑出声来。不知是谁喊道："你是水牛吗？买那么多水干吗？"同学们都哄笑起来。他没理会，麻利地拆开包装袋，拿出矿泉水，一人一瓶地发给同学。教室里顿时变得鸦雀无声。我怔住了，他的形象在我面前一下子变得高大起来。在他的衬托下，我竟显得那么渺小。

㉒　　他双手将水递给了我。我连忙叫住了他，轻声问道："你怎么会想到给同学们买水呢？真是太谢谢你了！"他回头微微一笑："不客气，这不是什么了不起的事，同学们上完体育课累坏了。"我不禁默默地低下了头。他转身离去，我紧紧握住他给的矿泉水，大口地喝了起来。平时索然无味的水，这时我却觉得十分甘甜，心中不由得升起感激和敬佩之情。

訳：6月，初夏だが，すでにとても暑い。また体育の授業時間になったので，皆は急いで駆けて運動場に集合した。きょうは抜けるような青空で，空にはカンカン照りの太陽があり，焼けつくような陽光がぼくの背中を直射し，まるで高熱を出したようであった。すぐに顔中汗だらけになり，汗がぼくの運動着にしみ込んだ。ぼくはちょっと汗を拭いて「このいまいましい天気め，まったく我慢できやしない。」と心の中で不平をこぼした。

　きつい体力トレーニングのあと，ぼくたちはみな疲労困憊し，授業終了のベルが鳴ると，皆はふらふらの足を引きずって教室に戻って行った。ついさきほどまでにぎやかであった運動場はほとんど一人の人影もなく，皆は教室の中に急いで逃げ込み，エアコンの涼しさを享受した。

　そのときには，教室の中はとても静かで，皆は次の授業の準備をしていた。突然，重たげな足音につれて一人の痩せて小柄な姿がぼくの目に入った。注意深く見れば，それは風采の上がらない小龍ではないか。ふと見ると，彼は大変そうに大きな1箱のミネラルウォーターを抱え，息をハアハアさせ，汗みずくになり，真珠のような顔の汗の珠を拭こうともせず，ミネラルウォーターを教卓の上に置いた。皆は彼の困り果てた様子を見て，思わず笑い出した。誰かが「お前は水牛か？そんなにたくさん水を買ってどうするのだ。」と叫んだ。皆は大声で笑った。彼は気にせず，手際よく包装袋を開け，ミネラルウォーターを

取り出し，一人１本ずつ皆に配った。教室の中はすぐにシーンと静まり返った。ぼくは茫然となった。彼の姿はぼくの目の前で急に大きなものに変わった。彼に比べてぼくは自分をとても小さく感じた。

　彼は両手で水をぼくに渡した。ぼくは慌てて彼を呼び止め，小さな声で「きみはどうして皆のために水を買おうと思ったの？本当にありがとう。」と言った。彼は振り向いてちょっと笑い，「遠慮は要らないよ。大した事じゃないよ。皆は体育の授業でとても疲れたからね。」と言った。ぼくは思わず黙ってうなだれてしまった。彼はきびすを返して去って行った。ぼくは彼がくれたミネラルウォーターをしっかりと握りしめ，ゴクゴクと飲んだ。ふだんはどうということもない水が，このときにはとてもおいしく感じられ，心の中に思わず感激と敬服の気持ちが湧いてきた。

23 (6) 問：文章里说 "我擦了擦汗水，心中抱怨起来"，他在抱怨什么？
　　　　（文中には「ぼくはちょっと汗を拭いて，心の中で不平をこぼした」とあるが，彼は何に対して不平をこぼしたのか。）

　　答：① 抱怨上体育课。（体育の授業に出ることに不平をこぼした。）

　　　　② 抱怨自己发烧。（自分が熱を出したことに不平をこぼした。）

　　　　❸ 抱怨天气太热。（天気がとても暑いことに不平をこぼした。）

　　　　④ 抱怨汗水太多。（汗がとても多いことに不平をこぼした。）

24 (7) 問：学生们回到教室的时候，为什么教室里静得出奇？
　　　　（生徒たちが教室に戻ったとき，なぜ教室の中はとても静かだったのか。）

　　答：① 因为大家累得筋疲力尽，不想说话。

　　　　（皆は疲労困憊して，話したくなかったから。）

　　　　❷ 因为大家在为下节课调整状态。

　　　　（皆は次の授業の準備をしていたから。）

　　　　③ 因为操场几乎看不见一个人影。

　　　　（運動場にはほとんど１人の人影も見えなかったから。）

　　　　④ 因为大家都尽情享受空调的凉爽。

　　　　（皆はエアコンの涼しさを心ゆくまで享受していたから。）

25 (8) 問：小龙同学为什么 "累得气喘吁吁，汗流浃背"？
　　　　（小龍はなぜ「息をハアハアさせ，汗みずくになっていた」のか。）

　　答：❶ 因为他把买来的一大箱矿泉水搬到了教室里。

　　　　（彼は買って来た大きな１箱のミネラルウォーターを教室に運んで来た

から。）

②　因为他在一个劲儿地擦头上滚落下来的汗珠。

　　（彼は一生懸命に滴り落ちる汗を拭いていたから。）

③　因为他像一头水牛，在一瓶接着一瓶地喝矿泉水。

　　（彼は水牛のように1本1本ミネラルウォーターを飲んでいたから。）

④　因为他对同学们的哄堂大笑而感到非常生气。

　　（彼は皆がどっと笑ったのを非常に腹立たしいと思ったから。）

26 (9)　問：我为什么感到小龙同学的形象一下子变得高大起来？

　　　　（ぼくはなぜ小龍の姿が急に大きくなったと感じたのか。）

　　答：①　因为他能够一个人轻松地搬动一大箱矿泉水。（彼が一人で軽々と大
　　　　　　きな1箱のミネラルウォーターを運んで来ることができたから。）

②　因为他给同学们发矿泉水的动作非常麻利。（彼が皆のためにミネラ
　　ルウォーターを配る動作がとてもてきぱきしていたから。）

③　因为通过他送水，我发现他的体力比我强壮。（彼が水を運ぶのを見
　　て，ぼくは彼の体力がぼくよりあるのに気づいたから。）

❹　因为通过他送水，我看到了他助人为乐的精神。（彼が水を運ぶのを
　　見て，ぼくは彼の人を助けることを喜びとする精神を見たから。）

27 (10)　問：与本文内容相符的是以下哪一项？

　　　　（本文の内容と一致するものは，次のどれか。）

　　答：①　我并不怕夏天，但是不喜欢夏天上体育课。（ぼくはべつに夏が苦手
　　　　　　というわけではないが，夏に体育の授業に出るのが好きではない。）

②　小龙的个子不高，但是我的个子比他更矮。

　　（小龍の背は高くないが，ぼくの背は彼よりもっと低い。）

❸　我喝了小龙送来的矿泉水，心里感慨万分。（ぼくは小龍が持って来
　　てくれたミネラルウォーターを飲んで，内心感無量だった。）

④　我早就知道小龙一定会给同学们买矿泉水的。

　　（ぼくは小龍がきっと皆のためにミネラルウォーターを買ってくれるこ
　　とをとっくに知っていた。）

2　500字程度の文章を聞いたあと，指定された5か所の文を漢字で書き取りま
　　す。全体の内容を理解しながら，正しく漢字で書く能力を問います。（各10点）

37　　我在一家金融公司工作，异常忙碌，每个星期辛辛苦苦上5天班后，只

有双休日才能休息一下。可一到周末，(1)微信朋友圈里的好友总是约我去钓鱼或参加饭局，我很难拒绝，只好硬着头皮去。为此，双休日常常没办法好好儿休息。

有一个双休日，我感觉很累，借身体不适推掉了应酬，(2)索性切断了与外界的一切联系，躲在家里看看书和报纸，享受清静带来的乐趣。

38 本以为这样就可以安安静静过一个轻松的双休日，可到了周日下午4点，(3)沉浸在书香中的我突然被一阵急促的敲门声惊醒，站在门外的是我的父母亲。

母亲一见到我就埋怨道："你是怎么回事啊？手机关机，座机也打不通，微信联系不上，真把我和你爸急得团团转。"父亲在一旁打着圆场说："我说没有事吧！这么大的人了，会出什么事呢？"听了这些话，我才知道自己的隐身让年老的父母十分担心，我感到万分愧疚。(4)自己只想着舒服地过双休日，却忽略了最亲近的人的感受，我真是太自私了。

39 从此以后，我暗下决心，只要父母在，一年365天，一天24小时，我都不再失联。试想，父母年纪都大了，(5)要是他们突然生病，想找我而我却失联了，万一有个三长两短，我会多么自责。

古人说"父母在，不远游"，现今的时代，父母在，可以远游，但千万别失联。

訳：わたしはある金融会社で働いており，とても忙しく，毎週懸命に5日間働いたあと，土日だけちょっと休める。しかし週末になると，(1)ウィーチャットの友達がいつもわたしを魚釣りや会食に誘うので，わたしは断りきれず，無理をして行くしかない。そのため，土日もちゃんと休むことができない。

ある週末，わたしはとても疲れていて，体の調子が悪いのを口実に付き合いを断り，(2)外部と一切の連絡をきっぱりと断ち，家で本や新聞を読み，静かさがもたらす楽しみを享受していた。

こうすれば静かに気楽な週末を過ごすことができると思ったが，日曜日の午後4時，(3)本の香りの中に浸っていたわたしは突然せわしなくドアをたたく音に驚かされた。ドアの外に立っていたのはわたしの両親であった。

母はわたしを見るなり，文句を言った。「お前はどうしたんだい。携帯電話は電源が切ってあるし，固定電話も通じないし，ウィーチャットはつながらないし，本当にわたしとお父さんは居ても立ってもいられないほど心配したよ。」父はそばで場を取り繕って，「大丈夫だよと言ったんだ。大人なんだから，何

も起きることはないだろう。」と言った。これらの話を聞いて，わたしは自分が身を隠したことが年老いた両親にとても心配をかけたことを知り，非常にすまなく思った。(4)自分はただ気持ちよく週末を過ごしたいと思っただけだったが，いちばん身近な人の思いを無視してしまい，わたしは本当に自分勝手であった。

　それ以後，わたしは密かに決心した。両親がいる限り，1年365日，1日24時間，わたしはもう連絡を断つことはしない。考えてみると，両親は年を取っている。(5)もしも彼らが突然病気になり，わたしを探しても連絡が取れないことになり，万一のことがあったら，わたしはどんなにか自責の念に駆られることだろう。

　昔の人は「父母在せば，遠く遊ばず」と言っている。今の時代は，両親がいれば，遠出はできるが，決して連絡を断ってはならない。

## 筆記 （⇨問題5頁）

（⇨問題5頁）

1　800字程度の文章を読み，流れをつかんで適当な語句を補う8問，正しいピンインを選ぶ1問，内容の理解を問う1問に答えます。語句の知識と読解力を問います。

(各2点)

解答：(1)❶　(2)❷　(3)❹　(4)❷　(5)❸　(6)❸　(7)❶　(8)❹　(9)❹　(10)❸

　　在功利主义者眼中，书之为物，解不得渴，充不了饥，当枕头唯恐硌得慌，垫桌脚又嫌占地方。然而，我对书的钟爱可谓是 (1)如饥似渴 ，因为它曾经温暖了我的岁月。

　　小时候无处可去，又不爱交友，唯有书算是我一个知己。但凡上面有字的纸，我都倍感亲近，仿佛前世有缘一般。什么小说、连环画、字典、词典、教材，我都爱看，甚至连日历、香烟盒亦未曾放过。当同龄孩子整天还在打弹子玩耍的时候，我已经把学校阅览室里的书都看完了。听说语文老师的阁楼里藏了很多书，我便 (2)鼓 起勇气去借来读。

　　上小学之前，母亲为了培养我对文字的感觉和兴趣，曾将《吕氏春秋》中许多典故翻译成白话文讲给我听。但当我的双脚 (3)迈进 校门以后，她便不许我再看课本以外的闲书了。 (4)一旦 被她发现我夜里看闲书，轻则训斥一番，重则将书没收。故而借来的书，别说放到几案上了，连翻书都不敢用力，想咳嗽都得忍着。听到门外有脚步的声响，就速速熄灯，待脚步声去远，再开灯继续品读。读得(5)疲倦 píjuàn 了，便抱书而眠，醒来已是天明，灯仍亮着，书仍抱着。这样的日子虽紧张而慌乱，多年后想起，还是 (6)异常／格外／特别 的快乐和满足。

　　随着年岁增长，我开始不满足于只是看了，偶尔也会写一些不成熟的文字。 (7)即便 几年过去，仍未有一篇让自己得意的文章，却从未想过放弃，正如我未曾想过放弃读书一样。

　　如今我工作已近十年，看书的时间愈发少了，但买书的习惯依然保留，也不知是不是为了 (8)弥补 曾经买不起书的遗憾。买来之后，将书放在架子上，摊在桌子上，摆在窗台上。我喜欢听风掀动书页的声响，像 (9)成群结队 的蚂蚁在眼前爬过，像调皮的猫儿用爪子踩着人的脚背，像风雨将至时有人撑着伞在门口等你。明明什么都没有做，却仿佛得到了整个世界。

訳：功利主義者の目には，本は物であり，渇きを癒すことはできず，飢えを充たすことはできず，枕にしてもすごくデコボコするだけだし，机の脚の支えにするにも場所を取る嫌いがある。しかし，わたしの本に対する愛情はむさぼるようだと言えるのは，それがわたしの歳月を温かいものにしてくれたからだ。

　幼い頃行く所もなく，また友達と付き合うのも好きではなかったので，本だけがわたしの友達であったと言える。字が書いてある紙でさえあれば，わたしはことのほか親しみを感じ，前世から縁があるように感じた。小説，連環画，字典，辞典，教材，わたしはすべて好んで読み，日めくり，たばこの箱さえも手放したことがなかった。同じ年頃の子どもがまだビー玉遊びをしているとき，わたしはすでに学校の閲覧室の中の本をみな読み終えていた。国語の先生の屋根裏部屋にたくさんの本がしまってあると聞くと，わたしは勇を鼓して借りてきて読んだ。

　小学校に上がる前，母はわたしの文字に対する感覚と興味を養うために，『呂氏春秋』の中の多くの故事を白話文に訳して話して聞かせてくれた。しかしわたしが学校に入ってからは，母は教科書以外の暇つぶしに読む本をもう読ませてくれなかった。わたしが夜暇つぶしに読む本を読んでいるのを母に見つかると，軽ければ叱られ，重ければ本を没収された。それゆえ，借りてきた本を，机の上に置くことができないのはもちろん，ページをめくるにもそっとしなければならず，咳をしたくても我慢しなくてはならなかった。ドアの外で足音がすると，急いで明かりを消し，足音が遠ざかってから明かりをつけて引き続き読んだ。読み疲れると本を抱いて眠り，目が覚めるとすでに夜が明けていて，明かりはまだついており，本は抱いたままだった。このような日々は緊張と混乱の連続であったが，年月を経たあとに思い起こせば，格別の楽しみと満足であった。

　歳月がたつにつれて，わたしはただ読むことだけに満足しなくなり始め，たまに未熟な文章を書くようになった。数年たっても，まだ自分で納得のいく文章はないが，やめようと思ったことがないのは，読書をやめようと思ったことがないのと同じである。

　今わたしは仕事に就いてすでに10年近くになり，読書の時間はますます少なくなっているが，本を買う習慣は依然として保っている。これはかつて本を買えなかった無念さを補うためかどうか分からない。買ってきたあと，本を書架に置いたり，机の上に並べたり，窓の敷居の所に並べたりしている。わたしは風が本のページをめくる音を聞くのが好きで，列を成したアリが目の前を通り過ぎるかのようであり，いたずらなネコが足で人の足の甲を踏んでいるかのようであり，風雨がやって来そうなときに人が傘をさして入り口であなたを

待っていてくれるかのようでもある。明らかに何もしていないのに，あたかもすべての世界を得たかのようである。

(1) 空欄補充

**❶** 如饥似渴 　　② 生吞活剥 　　③ 饥肠辘辘 　　④ 推陈出新

　　四字熟語の問題です。わたしは本に対していかに好きであるかを言っているので，"如饥似渴"（むさぼるように）を選びます。"生吞活剥"は「うのみにする」，"饥肠辘辘"は「空腹でおなかがぐうぐう鳴る」，"推陈出新"は「古いものを取り除き，精華を吸収して新しく発展させる」という意味です。

(2) 空欄補充

① 拿 　　　**❷** 鼓 　　　③ 打 　　　④ 拍

　　"勇气"という目的語が後に続くので，"鼓"（奮い起こす）を選びます。"拿"は「持つ」，"打"は「打つ」，"拍"は「（手のひらなどで軽く）たたく」という意味です。

(3) 空欄補充

① 跨越 　　　② 走过 　　　③ 踏上 　　　**❹** 迈进

　　"校门"という目的語が後に続くので，"迈进"（またいで入る）を選びます。"跨越"は「（場所や時間の制限を）越える」，"走过"は「通りかかる」，"踏上"は「踏む」という意味です。

(4) 空欄補充

① 一从 　　　**❷** 一旦 　　　③ 一概 　　　④ 一再

　　文脈から"一旦"（ひとたび…しようものなら）を選びます。"一从"は"自从"と同じく「…より」，"一概"は「一概に」，"一再"は「再三」という意味です。

(5) ピンイン表記

① pǐjuàn 　　　② pǐjuǎn 　　　**❸** píjuàn 　　　④ píjuǎn

　　"疲倦"は「疲れている」という意味の形容詞です。

23

(6) 空欄補充（不適当）

    ① 格外        ② 異常      ❸ 経常      ④ 特別

> "格外"は「ことのほか」，"异常"は「非常に」，"特别"は「特に」という意味で共通していますが，"经常"（いつも）にはその意味がありません。

(7) 空欄補充

    ❶ 即便       ② 假使      ③ 竟然      ④ 无论

> 後ろの副詞"仍"（依然として）と呼応できるのは譲歩を表す"即便"（たとえ…としても）です。"假使"は「もしも…なら」という意味で仮設を表し，"竟然"は「意外にも」，"无论"は「…にかかわらず」という意味です。

(8) 空欄補充

    ① 补充      ② 消除      ③ 除却      ❹ 弥补

> 「本を買えなかった無念さを補う」という文脈で"遗憾"を目的語にできるのは"弥补"（補う）です。"补充"は「補充する」，"消除"は「取り除く」，"除却"は「除外する」という意味です。

(9) 空欄補充

    ① 投机取巧     ② 一劳永逸     ③ 拉帮结伙     ❹ 成群结队

> 四字熟語の問題です。「群れを成す」という意味の"成群结队"を選びます。"投机取巧"は「チャンスを捉えてうまく立ち回る」，"一劳永逸"は「いっときの苦労をしておけば，あとは楽になる」，"拉帮结伙"は「徒党を組む」という意味です。

(10) 内容不一致

    ① 在功利主义者眼中，书是毫无功利可言的。
      （功利主義者の目には，本は功利と言えるものは少しもないものである。）

    ② 我对书抱有一种仿佛是与生俱来的亲近感。（わたしは本に対してあたかも生まれながらのものであるかのような親近感を抱いている。）

    ❸ 我喜爱书，但还没写过令世人满意的文章。
      （わたしは本を愛するが，まだ世間の人を満足させる文章を書いたことがない。）

④ 我只要拥有书，就有一种拥有世界的感觉。
（わたしは本を所有さえすれば，世界を所有したかのような感覚をもつ。）

2 適当な語句を補います。読解力と語句の知識を問います。　　（各2点）

解答：(1)❷　(2)❸　(3)❹　(4)❷　(5)❸　(6)❶　(7)❹　(8)❸　(9)❷　(10)❶

(1) 微风送来了一（ 股 ）浓郁的芳香。（そよ風が馥郁（ふくいく）とした香りを運んで来た。）

　　① 条　　　　　　❷ 股　　　　　　③ 束　　　　　　④ 面

　　　　量詞の問題です。"芳香"は匂いなので，気体や水など流れ漂ってくるものを数える"股"を選びます。"条"は川やズボンなど細長いものを，"束"は花束など束ねたものを，"面"は鏡や旗など平たいものを数えます。

(2) 他受了不少委屈，发几句（ 牢骚 ），完全可以理解。（彼はたくさんの嫌な思いをさせられたので，少し文句を言うのは，全く理解できる。）

　　① 脾气　　　　② 不平　　　　❸ 牢骚　　　　④ 批评

　　　　動詞"发"の目的語になれるのは"脾气"と"牢骚"ですが，数量を表す"几句"が修飾するのは"牢骚"です。"脾气"は「かんしゃく」，"不平"は「不公平である，不満である」の意味で，よく"抱不平"（義憤を抱く），"鸣不平"（不平を鳴らす）のように"抱"や"鸣"と組み合わせて使われます。"批评"は「批判する，叱る」です。

(3) 你做出这样的傻事，把自己的锦绣前程给（ 耽误 ）了。
（あなたはこんなバカなことをしでかして，自分の輝かしい前途を誤ってしまった。）

　　① 误伤　　　　② 失误　　　　③ 误判　　　　❹ 耽误

　　　　"锦绣前程"（輝かしい前途）を目的語にできる動詞は"耽误"（滞らせる）です。"误伤"は「誤って傷つける」，"失误"は「誤りを犯す，ミスをする」，"误判"は「ミスジャッジをする」です。

(4) 他个人的一个错误决定（ 导致 ）公司利益损失了几千万元。
（彼個人の誤った決定が会社の利益を数千万元損ねることになってしまった。）

　　① 引导　　　　❷ 导致　　　　③ 诱导　　　　④ 导向

　　　　選択肢はいずれも「導く」という意味を有します。"引导"は「人を導いて…させる」，"诱导"は「教え導く」，"导向"は「ある方向に導く」，

25

"导致" は「悪い結果を導く」という意味です。会社の利益を数千万元損ねるといった悪い結果を導いたので，"导致" を選びます。

(5) 我们做事情，要（ 讲究 ）方式方法，不能蛮干。（わたしたちは事をするに当たり，やり方を重視しなければならず，むちゃをしてはならない。）

　① 讲述　　　　② 查究　　　　❸ 讲究　　　　④ 申述

　　文脈から "讲究"（重んじる，気を付ける）を選びます。"讲述" は「述べる」，"查究" は「追究する」，"申述" は「申し述べる」です。

(6) 小王朝气（ 蓬勃 ），锐意进取，今后能成为公司的栋梁。（王さんは元気にあふれていて，一生懸命努力しているから，今後は会社の大黒柱となりうる。）

　❶ 蓬勃　　　　② 沸腾　　　　③ 郁积　　　　④ 沉淀

　　"蓬勃"（盛んである）はよく "朝气蓬勃"（生気はつらつしている）という成語として使われます。"沸腾" は「（感情や雰囲気が）沸き上がる」，"郁积" は「気分が重く晴れ晴れしない」，"沉淀" は「沈殿する」です。

(7) 听到双方语气缓和下来，总经理（ 赶忙 ）顺水推舟，劝他们和解。
（双方の口ぶりが和らいできたので，社長はこの時とばかり，彼らに仲直りするよう説得した。）

　① 赶巧　　　　② 茫然　　　　③ 猛然　　　　❹ 赶忙

　　文脈から "赶忙"（急いで）を選びます。"赶巧" は「折よく」，"茫然" は「茫然とする」，"猛然" は「突然に」です。

(8) 他对警察说：" （ 出事 ）那天，我就在现场，可以作证。"
（彼は警察官に対して「事件が起きた日，わたしは現場にいたので，証人になれます。」と言った。）

　① 出丑　　　　② 出局　　　　❸ 出事　　　　④ 出名

　　文脈から "出事"（事故が発生する）を選びます。"出丑" は「恥をさらす」，"出局" は「アウトになる，淘汰される」，"出名" は「有名になる」です。

(9) 处理实际问题，生搬硬套书本知识，往往会（ 闹笑话 ）。
（実際の問題を処理するのに，書物の知識をそのままもってくると，往々にして

笑いの種になる。)

① 闹肚子　　❷ 闹笑话　　③ 闹别扭　　④ 闹情绪

"闹肚子"は「下痢をする」, "闹笑话"は「笑いものになる」, "闹别扭"は「仲たがいをする」, "闹情绪"は「気を腐らす」です。

⑽ 这次鲜花展备受瞩目, 吸引了（ 成千上万 ）的游客。

（今回の生花展はたいへん注目されて, おびただしい数の観光客を引き付けた。)

❶ 成千上万　　② 千方百计　　③ 千山万水　　④ 万紫千红

生花展を観覧しに来る観光客が非常に多いことを言っているので, "成千上万"(幾千幾万) を選びます。"千方百计"は「あらゆる方法を講じる」, "千山万水"は「山また山, 川また川と道が遠く険しいさま」, "万紫千红"は「花が色とりどりに咲き乱れる」です。

3　正しく解釈した文を選びます。語句の意味についての知識を問います。(各2点)

解答：(1)❶　(2)❹　(3)❷　(4)❶　(5)❸　(6)❶　(7)❸　(8)❷

(1) 他写的小说太晦涩了, 对我来说就像天书一样。

（彼が書く小説は難解すぎて, わたしには全く訳の分からないものだ。)

❶ 比喻难懂的文章。（分かりにくい文章をたとえる。)

② 比喻深邃的书法。（深奥な書道をたとえる。)

③ 比喻蹩脚的文章。（間違いだらけの文章をたとえる。)

④ 比喻拙劣的书法。（下手な書道をたとえる。)

「神様が書いた本や文字, 難解な文字や文章」などの意味があります。前節の "太晦涩了" から, ここでは「難解な文章」。

(2) 事已如此, 生米煮成熟饭, 我不同意又有什么用呢？　（すでにこのようになっているのだから, わたしが反対したところでどうしようもない。)

① 比喻事情结果很好, 不能反对。

（事の結果が良いので, 反対できないことをたとえる。)

② 比喻事情进展顺利, 不用担心。

（事の進展が順調なので, 心配しなくていいことをたとえる。)

③ 比喻事情进展不顺, 但毫无办法。

（事の進展は順調ではないが, どうしようもないことをたとえる。)

❹ 比喩事情已经做成，不能再改变。（事は既成事実になっているので，いまさら変えることができないことをたとえる。）

　「米がごはんに炊けてしまった」から，既成事実になってしまってどうすることもできないことを形容します。

(3) 听他说得<u>有鼻子有眼儿</u>的，我也没多想就信了。（彼の話しぶりはいかにもまことしやかで，わたしも深く考えず，信じてしまった。）

① 形容说话有根有据，以理服人。

（話に根拠があり，筋を通して人を納得させることを形容する。）

❷ 形容把虚构的东西说得很逼真。

（作り話をまことしやかに話すことを形容する。）

③ 形容说话摆事实讲道理，令人心服。

（事実を並べて道理を説き，人を納得させることを形容する。）

④ 形容把错误的东西说成正确的。

（間違ったことを正しいと言いくるめることを形容する。）

(4) 遇到困难不能灰心丧气，先要有<u>车到山前必有路</u>的乐观精神。

（困難に出くわしても意気消沈してはならず，まず窮すれば通ずの楽観的な精神をもたなければならない。）

❶ 比喩事到临头，总会有解决的办法。

（瀬戸際に追い詰められたときには，必ず解決の方法があることをたとえる。）

② 比喩事到临头，总会有良好的结果。

（瀬戸際に追い詰められたときには，必ず良い結果があることをたとえる。）

③ 比喩事到临头，就应该顺其自然。

（瀬戸際に追い詰められたときには，自然に任せるべきであることをたとえる。）

④ 比喩事到临头，就只能听天由命。

（瀬戸際に追い詰められたときには，天に任せるしかないことをたとえる。）

　「物事が行き詰まっても必ず打開策がある」という意味のことわざです。

(5) 早听说要涨工资了，可就是<u>干打雷不下雨</u>，迟迟不见动静。（とっくに給料が上がると聞いているが，掛け声ばかりで，遅々として動きがない。）

① 比喩只有名誉，没有实际的利益。

（評判だけで，実際の利益がないことをたとえる。）

28

② 比喩只有名誉，没有具体的恩惠。

（評判だけで，具体的な恩恵がないことをたとえる。）

❸ 比喻只有声势，没有实际行动。

（掛け声だけで，実際の行動がないことをたとえる。）

④ 比喻只有声势，没有现实可能。

（掛け声だけで，現実の可能性がないことをたとえる。）

　「雷が鳴るばかりで雨はいっこうに降らない」から，掛け声ばかりで実行が伴わないことを形容します。

(6) 既然事情到了这种地步，我就豁出去了。

（事ここに至っては，わたしは捨て身でやるしかない。）

❶ 指不惜付出任何代价。

（いかなる代価を払うことも惜しまないことを言う。）

② 指不珍惜自己的地位。（自分の地位を大切にしないことを言う。）

③ 指碰碰自己的运气。（自分の運試しをすることを言う。）

④ 指见事不妙，溜之大吉。

（形勢が悪いと見るや，すぐさま逃げてしまうことを言う。）

(7) 他把我们的忠告全当作耳边风，以致事态不可收拾。

（彼はわたしたちの忠告をすべてどこ吹く風と聞き流していたので，事態は収拾がつかなくなってしまった。）

① 比喻亲朋好友间说的家常话。

（親戚と友人の間で話される世間話をたとえる。）

② 比喻朋友对自己说的悄悄话。（友達が自分にするひそひそ話をたとえる。）

❸ 比喻听过后不放在心上的话。（聞いたあとに心に留めない話をたとえる。）

④ 比喻听过后忘不了的风凉话。

（聞いたあとに忘れられない冷やかしの言葉をたとえる。）

　「耳のそばを吹く風」から「どこ吹く風」，"耳旁风" とも言います。

(8) 所谓浪子回头金不换！只要能洗心革面，重新做人，就是好样的。

（いわゆるドラ息子が改心したら金にも代えられないというやつで，心から悔い改めて，真人間になってこそ，見どころがある人だ。）

① 指做了坏事的人即使改过自新也不值钱了。

（悪事を働いた人はたとえ心を入れ替えて改心しても価値がないことを言う。）

❷ 指不走正道的人改邪归正后极其可贵。（道を踏み外した人が悪事を改めて，正道に立ち返るのはとても貴いことを言う。）

③ 指做了坏事的人要用金子救赎自己的罪过。

（悪事を働いた人は金で自分の過ちを償わなければならないことを言う。）

④ 指做了坏事的人金子也赎不了自己的罪过。

（悪事を働いた人は金でも自分の過ちを償うことはできないことを言う。）

「放蕩息子の改心は金にも代え難い」という意味で "败子回头金不换" とも言います。

4  600 字程度の文章を読み，2 か所のピンインを漢字に改め，2 つの文を日本語に訳します。全体の内容を理解しながら，正しく漢字で書く能力，日本語の翻訳力を問います。　　　　　　　((a)(b)各 2 点，(1)(2)各 8 点)

　　想做一个简单快乐的人，我的(a)mìjué（秘诀）是：莫往深处想。

　　记得少年时进山玩耍，母亲总是告诉我不要往深处走，她怕我走得过远，一旦迷了路回不了头。长大后面对各种各样的事情，我也总是提醒自己不要往深处想。(1)因为任凭你无节制地想来想去，事情还是要一步一步去做，与其想入非非，不如脚踏实地做。也曾有过胡思乱想的时候，钻入了牛角尖，进不去出不来，进退两难，一番痛苦纠结之后，才发现那个往深处想的自己已经迷了路。

　　再困难的条件，再复杂的形势，再恶劣的环境，再苦再累的工作，只要不往深处想，咬咬牙也就挺过去了。(2)真正拖垮打败你的，是你自己把简单的事情想复杂，把复杂的事情弄成死结，然后钻进死胡同。愈往深处想，方向愈迷茫，最终被迷茫困住自己的手脚，动弹不得，困以待毙。

　　莫往深处想，体现的不仅是一个人的性情和习惯，更是一个人的胸怀与格局。毕竟人生要深思(b)shúlǜ（熟虑）的事情不会很多，只要将胸怀放大，不患得患失，则一切都不是问题。

訳：単純で楽しい人になりたければ，わたしの秘訣は深く考えることなかれである。

　少年の頃山に遊びに行くとき，母はいつもわたしに奥に入ってはいけないと言っていたことを思い出す。母はわたしが遠くへ行き過ぎ，道に迷って帰って来られなくなるのを心配していたのだ。成長した後，いろいろなことに対して，わたしもいつも自分に深い所まで考えを巡らしてはならないと言い聞かせてい

る。(1)制限なくあれこれ考えるにしても，事はやはり一歩一歩やらなければならないのだから，妄想をたくましくするより，着実にするほうがいい。あれこれとくだらないことを思い巡らしたときもあり，要らぬことに頭を悩まし，入ることも出ることもできず，にっちもさっちもいかず，苦痛でどうしてよいか分からなくなった後，深い所へ考えを巡らしている自分はすでに道に迷ってしまっていることにやっと気が付いた。

　どんなに困難な条件，どんなに複雑な状況，どんなに悪い環境，どんなに苦しくどんなに疲れる仕事でも，深く考えずに，歯を食いしばれば持ちこたえることができる。(2)本当にあなたを引きずって打ち負かすのは，あなた自身が簡単な事を複雑に考え，複雑な事を解けないものとし，そして袋小路に入り込んでしまうことである。深い所まで考えを巡らせば，方向はますますぼやけてしまい，最終的には途方に暮れたことによって自分の手足は縛られてしまって，動けなくなり，死を待つほど困窮することになる。

　深く考えることなかれが表しているのはその人の性質や習慣であるばかりでなく，その人の度量と見識である。結局のところ人生で深く考えなければならない事はそれほど多くなく，度量を広げ，損得にこだわってばかりいなければ，すべての事は問題ではなくなるのである。

(a)・(b), (1)・(2)　上記参照

> 　(1)"任憑"は後ろの"还是"と呼応して「…にしても，やはり…」という意味を表します。"与其…不如…"は「…よりも（むしろ）…のほうが…」という比較の表現です。
> 　(2)"…的,是…"は「…なのは，…だ」という意味を表す構文です。"弄成死结"は「こま結びにする」，"钻死胡同"は「袋小路に入る」という意味です。

⑤　100字程度の日本語の文章2題を中国語に訳し，指定された3つの語句を使用して1つの事柄について作文します。会話,手紙,論説などの少しまとまった長さの文章を組み立てる能力を問います。　　　　　　　　　　　（各8点）

(1) 日中国交正常化50周年は，戦後史に刻まれる重要な1ページだが，日中両国の二千年に及ぶ交流史を考えれば，まさに一瞬間に過ぎない。わたしは人と人との交流によってこそ真の平和が実現できると考える。

　　日中邦交正常化五十周年是铭刻在战后历史上的重要一页，但从日中两国长达两千年的交流史来看，只不过是一瞬间。我认为人与人的交流才

能実現真正的和平。

> 「…を考えれば」は"从…来看"または"从…来考虑"，「まさに…に過ぎない」は"只不过是…"または"仅仅是…而已"，「交流によってこそ…できる」は"（只有）交流才能…"とします。

(2) 子どもの頃，クラシック音楽の演奏会に行く人はわずかであった。インターネットの普及により，偉大な音楽家の名曲を一流の演奏で聴くことができる。つくづく恵まれた時代になったと思う。

小时候，只有少数人能够去听古典音乐会。由于互联网的普及，我们可以听到一流演奏水平的伟大音乐家的名曲，深感遇到了一个非常幸运的时代。

> 「…の普及により，…することができる」は"由于…普及，（我们）能…"，「つくづく…と思う」は"我们深感…"とします。

(3) 「読書」について　"知识""人生""丰富"を使用

（作文例）就像人需要呼吸、喝水、吃饭一样，对于我们现代人来说，充实的<u>人生</u>离不开读书。通过读书，我们不仅可以增长<u>知识</u>，更可以跟古今中外的作者对话，<u>丰富</u>滋养我们的<u>人生</u>。

（人が呼吸したり，水を飲んだり，ごはんを食べたりするのと同じように，わたしたち現代人にとって，充実した人生は読書から切り離せない。読書を通じて，わたしたちは知識を増やすことができるだけでなく，古今東西の作者と対話し，わたしたちの人生を豊かで味のあるものにすることができる。）

# 準1級第109回
## (2023年6月)

**問 題**

　　　解答時間：計120分

　　　配点：リスニング100点，筆記100点

**解答と解説**

03 **1** 中国語を聞き，(1)～(10)の問いの答えとして最も適当なものを，①～④の中から1
つ選びなさい。
(50点)

04
12

05
13

06
14

07 (1)
15 　①　　　　　　　②　　　　　　　③　　　　　　　④

08 (2)
16 　①　　　　　　　②　　　　　　　③　　　　　　　④

09 (3)
17 　①　　　　　　　②　　　　　　　③　　　　　　　④

10 (4)
18 　①　　　　　　　②　　　　　　　③　　　　　　　④

11 (5)
19 　①　　　　　　　②　　　　　　　③　　　　　　　④

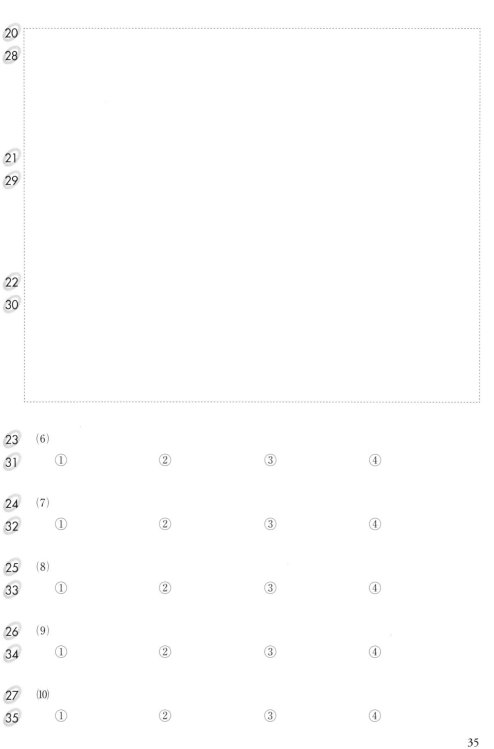

㉒

㉘

㉑

㉙

㉒

㉚

㉓ (6)

㉛   ①       ②       ③       ④

㉔ (7)

㉜   ①       ②       ③       ④

㉕ (8)

㉝   ①       ②       ③       ④

㉖ (9)

㉞   ①       ②       ③       ④

㉗ (10)

㉟   ①       ②       ③       ④

**2** 中国語を聞き，その中から指定された 5 か所を漢字で書き取りなさい。 （50 点）

37

45

50

38

46

51

39

47

52

40

41

42

43

44

45

46

47

48

49

(⇨解答と解説52頁)

筆 記

**1** 次の文章を読み，⑴〜⑽の問いの答えとして最も適当なものを，①〜④の中から1つ選びなさい。 (20点)

在消费主义盛行的时代，我们被永不满足的欲望所支配，总是想要拥有更多，这种冲动 ⎡⑴⎤ 不在体内涌动。心理学家布鲁斯·胡德则在新书《被支配的占有欲：为何我们总想要更多？》中告诉我们为何人总是戒不了占有欲。

胡德认为一个重要的 ⎡⑵⎤ 在于我们对"所有权"的执念遍布所有的生活场景：小到一个平时常用的物件，大到一栋房子、一段感情……当我们在这些东西上面花的时间越长，越容易产生"这是我的"的想法。一旦有了这样的念头，我们便会 ⎡⑶⎤ 自己所拥有的东西将自我与他人比较，希望自己比朋友、同事赚更多的钱，拥有更多的东西。所有权是一种本能，一个三岁的孩子也会知道看管好自己的玩具小汽车，轻易不和其他人 ⎡⑷⎤，随着所有权的概念在人类头脑中通过长期的构建变得根深蒂固后，就会让我们想要占有更多而拒绝与他人共同受益。

我们之所以对一些所有物有着如此深的执念，会在消费中获得买买买的快感，是因为我们往往会对所有物 ⎡⑸⎤ 过高的价值，把它们当作是自我的延伸。许多人相信，拥有更多超出所需的东西，自己就会满足，这也成为他们生命的全部意义，而每一次的占有都让人 ⎡⑹⎤，最终不能自拔。

人总是戒不了占有欲的另一个重要起因，则是我们喜欢⑺炫耀，渴望获得认可。在很多人的观念里，消费是一种符号，一种可以被社会 ⎡⑻⎤ 的标志，于是就想通过财产、所有物来表明自己在社会上取得的成绩，来增加社会的认可度。一些人和家庭还会无视收支的比例，把收入的很大一部分投入到奢侈品上，而非购买必需的生活品，⎡⑼⎤ 以此来表明自己也应该受到和社会上流阶层同等的重视。

那么我们究竟该如何不让情绪支配我们的选择，从而去做出理性的决策呢？又该如何认清财富、所有物和人生的关系呢？这些是我们每个人都必须认真思考的。

(1) 空欄(1)を埋めるのに適当なものはどれか。

① 无坚不摧　　② 无拘无束　　③ 无奇不有　　④ 无时无刻

(2) 空欄(2)を埋めるのに**適当でないもの**はどれか。

① 原因　　② 因素　　③ 根本　　④ 缘故

(3) 空欄(3)を埋めるのに適当なものはどれか。

① 基于　　② 出于　　③ 属于　　④ 关于

(4) 空欄(4)を埋めるのに適当なものはどれか。

① 分担　　② 分享　　③ 分流　　④ 分拆

(5) 空欄(5)を埋めるのに適当なものはどれか。

① 赋予　　② 授予　　③ 赠予　　④ 赐予

(6) 空欄(6)を埋めるのに適当なものはどれか。

① 上手　　② 上火　　③ 上心　　④ 上瘾

(7) 下線部(7)の正しいピンイン表記はどれか。

① xuányào　　② xuànyào　　③ xuànyáo　　④ xuányáo

(8) 空欄(8)を埋めるのに適当なものはどれか。

① 批准　　② 领受　　③ 接纳　　④ 选拔

(9) 空欄(9)を埋めるのに**適当でないもの**はどれか。

① 但愿　　② 希冀　　③ 指望　　④ 企图

(10) 本文の内容と一致するものはどれか。

① 我们希望赚更多的钱是为了在消费中获得买买买的快感。

② 在不少人的眼里，所有物是增加社会认可度的法宝。

③ 奢侈品的数量可以衡量一个人在社会上受重视的程度。

④ 生活中的东西和事物都是对所有权的执念而产生的。

2 (1)～(10)の中国語の空欄を埋めるのに最も適当なものを，①～④の中から1つ選び
なさい。 (20点)

(1) 本来是正确的观念，有时会被看作是常人无法理解的（　　　）。
　　① 论证　　　　② 论据　　　　③ 谬论　　　　④ 辩论

(2) 听了他的一席话，我心里的（　　　）一下子解开了。
　　① 疙瘩　　　　② 麻烦　　　　③ 纠纷　　　　④ 争端

(3) 他表演得很（　　　），一点儿也不自然。
　　① 枯燥　　　　② 呆板　　　　③ 固执　　　　④ 发愣

(4) 别看他个子小，干起活来是把好手，动作（　　　），效率高。
　　① 顺从　　　　② 老成　　　　③ 麻利　　　　④ 圆滑

(5) 消费者协会应该为收到过量广告而被损害权益的报刊订户（　　　）。
　　① 撑腰　　　　② 后盾　　　　③ 支持　　　　④ 张扬

(6) 观察必须仔细，（　　　）地走马看花，会遗漏细节，有时细节可能是关键。
　　① 表率　　　　② 直率　　　　③ 轻率　　　　④ 草率

(7) 值得做的事，我就坚持，（　　　）别人怎么想，我不在乎。
　　① 哪怕　　　　② 至于　　　　③ 即使　　　　④ 如果

(8) 她走后，我心里一直（　　　），忐忑不安地等待着消息。
　　① 三心二意　　② 四分五裂　　③ 七上八下　　④ 千言万语

(9) 他对山里的植物非常熟悉，连植物的名字也能一五一十地说出个（　　　）。
　　① 来龙去脉　　② 来日方长　　③ 古往今来　　④ 运转时来

(10) 各种昆虫，不知躲在什么地方，演奏着（　　　）的曲子。
　　① 听而不闻　　② 听其自然　　③ 洗耳恭听　　④ 悦耳动听

(1)～(8)の中国語の下線部の説明として最も適当なものを，①～④の中から1つ選びなさい。 (16点)

(1) 你总说请我吃饭，闹了半天你是在<u>放空炮</u>啊。

　① 比喻说话废话连篇，没有逻辑。

　② 比喻远距离说话，难以听清楚。

　③ 比喻说话很直接，非常有信心。

　④ 比喻说得很响亮，没有实际行动。

(2) 我想跟她说，可又怕被她拒绝，使我<u>下不来台</u>。

　① 比喻不能摆脱困难尴尬的处境。

　② 比喻没有办法离开是非之地。

　③ 比喻不明白如何搞好关系。

　④ 比喻想不起来应该说的话。

(3) 你去之前再好好儿看看地图，省得<u>走冤枉路</u>。

　① 比喻因看错地图而走小路。

　② 比喻因不熟悉而走泥泞路。

　③ 比喻本来不必走而多走的路。

　④ 比喻不想走而不得不走的路。

(4) 我觉得她和以前一样，看不出有什么<u>不对劲儿</u>的地方。

　① 比喻大小不同，放在一起不合适。

　② 比喻人和事物有不正常或不舒服的地方。

　③ 比喻变化很大，失去了原来的样子。

　④ 比喻事物存在矛盾，看着不顺眼。

(5) 你别和我套近乎，有什么直说！

    ① 比喻拉拢某人使关系亲近。

    ② 比喻站得很近以表示亲热。

    ③ 比喻关心他人，说心里话。

    ④ 比喻坐在一起，小声说话。

(6) 小陈来了没多久就跟研究员们打得火热，常在一起打篮球。

    ① 比喻一起工作，娱乐。

    ② 比喻喜欢打球，很投入。

    ③ 比喻有说有笑，很热闹。

    ④ 比喻亲热，关系密切。

(7) 我们应该在投资项目上多做文章。

    ① 比喻利用资料写论文，提出主张。

    ② 比喻利用一件事发议论，打主意。

    ③ 比喻利用数据做计划，写报告。

    ④ 比喻利用一个机会发表意见，提建议。

(8) 你这是何苦来呢，他不愿意去就算了。

    ① 表示不应该强求他人做某件事。

    ② 表示不知道如何避免某件事。

    ③ 表示不值得让自己感到苦恼。

    ④ 表示不愿意看到别人左右为难。

次の文章を読み，ピンイン表記の(a)・(b)を漢字（簡体字）に改め，下線部(1)・(2)を日本語に訳しなさい。 (20点)

　　初识山猫时从没想过写它，它的隐秘生活几乎无人知晓，然而，(1)经过这些年的山林观察与民间访问，山猫的苦苦挣扎和近乎绝望的抗争赢得了我的尊敬。它柔软得能以脚掌探摸埋在雪下的铁夹，又(a)gāngyì得任何力量都无法征服。断断续续的 8 个月的写作是一段认知的过程，山猫成为了我心目中的英雄。山猫河谷位于中国唯一的寒温带原始森林的边缘，于我如同活生生的自然博物馆，更是一片神圣之地。生态环境关乎大地生灵的生存与毁灭，我越来越意识到当下的动物写作不同以往，(2)我的动物写作必须揭示动物主人公的生存之道，解开它们与森林万物互惠共荣的进化奥秘。通过我的写作使读者去了解、尊重、(b)hēhù它们，并且思考如何珍惜我们身边的环境。山猫和自然万物一起在默默无闻地维护着森林的健康，也维护着脆弱的地球生态系统。当人类利益与野生世界发生冲突时，我永远站在野生世界一边。

⑤ ⑴・⑵の日本語を中国語に訳しなさい。また，⑶の指示に従って中国語で文章を
書きなさい。　　　　　　　　　　　　　　　　　　　　　　　　　（24点）

⑴ ある人が船で川を渡る時に，誤って剣を川に落とした。彼は小刀で船端
　に目印を刻みつけて，対岸に着いた時にはじめてこの記号をたよりに剣
　を探そうとした。周りの人は「船は遠くまで移動したのに，剣が見つか
　るわけがない」と笑った。

⑵ 児童専用の薬が不足しているため，子どもによく成人の薬が処方され，
　用量を減らして半分または三分の一にする処方箋が多い。更には適当に
　減量するとしか書かれていないものもある。これだと子どもの健康を害
　する可能性が出てくる。

⑶ 「カルチャーショック」について，次の3つの語句をすべて使用して50
　字以上80字以内で書きなさい。
　（使用した3つの語句には下線を引くこと。）
　"价值观" "困惑" "多元化"
　※句読点も1字と数えます。文頭を2マス空ける必要はありません。

43

**1** 600字程度の2つの文章を聞き，内容についての問い5問ずつに答えます。
ポイントとなる内容を聞き取り，全体の趣旨をつかむ能力を問います。(各5点)

解答： (1) ❹　(2) ❹　(3) ❸　(4) ❶　(5) ❶　(6) ❶　(7) ❶　(8) ❷　(9) ❸　(10) ❸

(1)〜(5)の中国語

04 　　在中国，如果你到朋友家里做客，主人会为你端来一杯热茶。客来敬茶，以茶相迎，以茶代礼，是中国重情好客的传统美德与礼节。

　　中国是茶叶的故乡，也是茶文化的发源地。早在四千多年前的神农时代，中国人就发现了茶，接着开始种茶制茶，中国人喝茶的习惯长盛不衰。唐朝有一个叫陆羽的人，曾经写过一部《茶经》。《茶经》详细地介绍了茶的功能及制作方法，影响很大，成为世界上最早的茶叶著作，被奉为茶道经典。陆羽也因此被称为"茶圣"。

05 　　中国茶在世界上的传播不仅限于丝绸之路沿线的广大地区，而是达到了全球的范围。现今，茶已成为全世界最大众化的、最受欢迎的、最有益于身心健康的绿色饮料。

　　中国的茶叶种类繁多。对不同的茶叶，要用不同的方式来冲泡，这样才能最大程度地发挥出不同茶叶的口感和香气。冲泡方式包括茶叶和水的比例、水温、冲泡时间等方面。就拿水温来说，乌龙茶一般使用沸水冲泡，而龙井茶就不行。100度的沸水会让龙井茶的茶水发苦发涩，最好使用85度上下的开水冲泡。

06 　　喝茶要讲究环境和气氛。平静的午后，独自泡上一壶清茶，慢慢饮来，任时间缓缓流逝。或者叫来三两好友，备好茶点，边喝边聊，又是另外一种惬意。

　　最近，一种叫做"围炉煮茶"的新的喝茶方式在年轻人中流行开来了。"围炉煮茶"时，在桌子上用小炭炉煮茶，茶壶边上烤一些吃的，不仅好喝，还好吃，好看，好玩儿。找一个舒适的环境，和朋友喝茶拍照，忘记平日里的烦恼，这样的休闲方式也是一种对"慢生活"的追求。

訳：中国では，友人の家に招かれたら，主人が熱いお茶を出してくれる。客が

来たらお茶をすすめ，お茶で迎える。礼儀としてお茶を用いることは，中国のおもてなしであり，伝統的な美徳と礼節の表れである。

中国はお茶の故郷であり，茶文化発祥の地でもある。早くも4000年以上前の神農時代にすでに，中国人はお茶を発見し，お茶を栽培し製造し始めた。中国人のお茶を飲む習慣は長く続き，衰えを見せることがない。かつて唐の時代に，『茶経』を書いた陸羽という人がいた。『茶経』は，お茶の効用や製法を詳しく紹介しており，その影響力は大きく，世界最古の茶書となり，茶道の古典と尊ばれてきた。そのことから，人々は陸羽を「茶聖」と称するようになった。

中国茶は，シルクロード沿いの広大な地域のみならず，全世界にまで広く伝わった。現在，お茶はすでに世界で最もポピュラーで，最も好まれる，心身ともに最も良い健康飲料となっている。

中国のお茶は種類が非常に多い。それぞれの茶葉を異なる方法で淹れることで，それぞれのお茶の味と香りを最大限に引き出すことができる。淹れ方には，茶葉と湯の割合，湯加減，淹れる時間などの事柄が含まれる。湯の温度を例にして言えば，ウーロン茶は沸騰したお湯で淹れるのが一般的だが，龍井茶はそうではない。100度の熱湯では，龍井茶のお茶に苦味や渋みが出てしまう。85度前後のお湯で淹れるのがベストである。

お茶を飲むというのは，周りの環境や雰囲気を大切にするということである。穏やかな午後，一人でただお茶を淹れ，ゆっくり飲みながら，ゆったりとしたひとときを過ごす。あるいは，友達を2，3人呼んで，お茶菓子を用意し，飲みながらおしゃべりをするのも，また違う楽しさを味わえる。

最近では，「コンロ囲み飲茶」というお茶の新しい飲み方が，若者の間で流行り出してきた。「コンロ囲み飲茶」の際には，卓上に小さなコンロでお茶を沸かしたり，やかんの横で食べ物を焼いたりする。この飲み方は，飲むだけでなく，食べるにも，見た目にもよく，そして楽しい。快適な場所を見つけ，友達とお茶を飲んだり，写真を撮ったりして，日常の悩みを忘れる。このようなリラックス方法は，「スローライフ」を追求することでもあるのだ。

07 (1) 問：主人给到访的客人端来热茶表示什么？

（主人が訪問客に熱いお茶を振る舞うことには，どのような意味があるのか。）

答：① 主人不希望客人感到口渴。

（主人は客にのどの渇きを感じさせたくないと思っている。）

② 主人愿意和客人多聊一会儿。

（主人は客ともう少しおしゃべりをしたいと願っている。）

③ 主人想告诉客人自己家的礼节。

（主人は客に自分の家のしきたりを伝えたいと思っている。）

❹ 主人欢迎客人登门拜访。（主人は客の訪問を歓迎している。）

08 ⑵ 問：文章里为什么说中国是茶叶的故乡？

（文中ではなぜ中国はお茶の故郷であると言っているのか。）

答：① 因为中国人的喝茶习惯历史悠久，流传至今。（中国人がお茶を飲む

習慣には長い歴史があり，それが今日まで受け継がれているから。）

② 因为中国的茶叶种类繁多，举世闻名。

（中国の茶葉は種類が非常に多く，世界的に有名だから。）

③ 因为中国人无论男女老少，每天都喝茶。

（中国人は老若男女を問わず，毎日お茶を飲むから。）

❹ 因为中国是最早发现、饮用并种植茶叶的地方。

（中国は最も早くにお茶を発見し，飲み，栽培した地域だから。）

09 ⑶ 問：文章里提到的陆羽被称为"茶圣"的理由是什么？

（文中で述べた陸羽が「茶聖」と称される理由は何か。）

答：① 他发明了种茶制茶的方法。

（彼がお茶の栽培や製造方法を発明したから。）

② 他的人品备受欢迎，对后世的影响很大。

（彼の人柄は大いに歓迎され，後世に大きな影響を与えたから。）

❸ 他写了一部经典著作《茶经》。

（彼が『茶経』という古典的名著を残したから。）

④ 他发明了一种喝茶方法，叫做"围炉煮茶"。

（彼が「コンロ囲み飲茶」というお茶の飲み方を作り出したから。）

10 ⑷ 問：有关"围炉煮茶"，文中没有提到的是以下哪一项？

（「コンロ囲み飲茶」に関して，本文の内容と一致しないものは，次のどれか。）

答：❶ "围炉煮茶"时，茶叶的冲泡时间会影响茶的口感。

（「コンロ囲み飲茶」の際にお茶を淹れる時間は，お茶の味を左右する。）

② "围炉煮茶"可以忘记平日里的烦恼，放松心情。

（「コンロ囲み飲茶」をすれば日頃の煩わしさを忘れて，リラックスできる。）

③ "围炉煮茶"既能喝茶，也能吃一些小吃。（「コンロ囲み飲茶」は，

お茶が飲めるだけではなく，軽食を食べたりすることもできる。）

④ "围炉煮茶"时，喝的是用桌子上小炭炉煮的茶。（「コンロ囲み飲茶」
の際に飲むお茶は，卓上の小さなコンロで淹れたものである。）

11 (5) 問：与本文内容相符的是以下哪一项？
（本文の内容と一致するものは，次のどれか。）
答：❶ 茶已成为全世界的人们所熟知的饮料了。
（お茶はすでに世界中でよく知られている飲み物になった。）
② 使用85度的水冲泡乌龙茶，茶水会发苦发涩。
（85度のお湯でウーロン茶を淹れると，お茶に苦みや渋みが出る。）
③ 喝茶的时候，必须和亲朋好友一起喝。
（お茶を飲むときは，親戚や友人と一緒に飲まなければならない。）
④ 年轻人找到了新的休闲方式，不怎么喝茶了。
（若者は新しい余暇の方法を見つけたので, お茶をあまり飲まなくなった。）

(6)～⑩の中国語

20　　春节期间，有一条题为"中国家长为什么都特别扫兴"的视频在社交媒
体上火了，视频列举了父母们的种种"扫兴"言论，说这些言论使欢乐祥和
的过年气氛全没了。这条视频获得不少网友认同，称这样的父母为"扫兴家
长"。

　　朱女士回忆说，春节前她花了上万元买了两条羊绒围巾送给父母，父母
问了价格后却说，"这么贵，还不如网上50块钱买来的柔软"，批评她"乱
花钱"。朱女士说，"原本以为他们会开心，结果他们却不断地批评我，我连
饭都吃不下了。"

21　　很多网友也都吐槽说有相似的遭遇：送东西送礼物会被批评"乱花钱"；
去餐厅吃饭又会被埋怨"又贵又不好吃"；带父母出门游玩，更会被唠叨"到
处都是人，有什么好玩的"。在一些网友看来，父母们"自以为是"，只觉得
自己是对的，无法接受别人的想法和安排，他们以为自己有生活经验。

22　　对此，季先生却不这么认为，他是春节回家过年受父母夸赞最多的人。
他的秘诀就是顺着父母的意思说话，他说："如果父母说餐厅的饭菜又贵又
不好吃，我就说'确实没有家里好吃，只是想偷个懒，一年才一次不算浪费'。
这样很快就过去了。我并不觉得这是'扫兴'，绝大多数父母们是真心心疼
你破费。"

许多网友表示赞同说，父母们生活在物资匮乏的年代，养成了节俭的习惯，他们所谓的"扫兴"并没有恶意，勤劳俭朴、吃苦耐劳是他们的美德。"如今时代变了，过去的一些'美德'在今天显得'扫兴'，可等我们老了，新的年轻人有了自己的习惯，他们会不会认为我们也'扫兴'呢？"

訳：春節の期間中，「なぜ中国の親はとりわけ白けさせるのか」というタイトルの動画がソーシャル・メディアで話題になった。この動画には，親たちのあらゆる「白けさせる」発言が列挙されており，これらの発言が，和やかで平和な新年の雰囲気を台なしにした，というものだ。この動画は多くのネットユーザーの賛同を得て，このような親を「白け親」と呼んだ。

　　朱さんは，春節の前に1万元も払い，両親にそれぞれカシミヤのマフラーを贈ったところ，両親は値段を尋ね，「そんなに高いのに，ネットで50元で購入したものほど柔らかくないね」と言い，「無駄遣いをしている」と彼女を非難したという。朱さんは，「両親は喜んでくれると思ったのですが，結局絶え間ない非難攻めに遭ってしまい，ごはんものどを通りませんでした。」と語った。

　　多くのネットユーザーも，同様の経験をしたと不満を漏らす。贈り物をすれば「無駄遣い」と非難され，レストランに食事に行けばまた「高いばかりでおいしくない」と愚痴をこぼされる。両親を連れて遊びに行くと，さらに「どこに行っても人ばかりで，何が楽しいのか」とぶつぶつ言われる。一部のネットユーザーの目には，両親は「常に自分が正しく，他人の意見を受け入れない独り善がり」であり，自分だけが正しいと思い，他の人の考えや段取りを受け入れることができず，自分には人生経験があると思っている，と映っている。

　　これに対し，季さんはそのようには思わず，春節に家に帰ると，両親から最も褒められるのは彼なのだという。彼の言う秘訣は，両親の意向に沿って話すことだという。「例えば，両親にレストランは高いばかりでおいしくないと言われたら，『確かに家の食事ほどおいしくないけど，怠けたいだけだよ，1年に1回なら無駄遣いにならないよ』と言うんだ。こうすると，あっという間にやり過ごせてしまう。僕にはこれが何かを「白けさせている」とは思わない。ほとんどの親は，君が散財したことに心を痛めているんだ。」

　　多くのネットユーザーはこれに賛同し，両親は，物資の不足の時代に生き，倹約の習慣が身についており，いわゆる「白けさせる」は悪意ではなく，勤勉でつましく，労苦に耐えうるという彼らの美徳なのだと言った。「今は時代が変わり，以前はある種の『美徳』であったことが，今日では『白けさせている』ように見えるのだが，わたしたちが年をとり，新しい若者が独自の習慣を持つようになると，彼らはわたしたちにも『白けさせている』と思うだろうか。」

23 (6) 問：文章中提到的视频为什么会获得不少网友的认同？（本文の中で取り上げた動画は，なぜ多くのネットユーザーの賛同を受けたのか。）

　　答：❶ 因为他们也有相似的遭遇。（彼らも同じような経験をしたから。）

　　　　② 因为他们都被父母批评乱花钱。

　　　　（彼らもみな無駄遣いだと両親から非難されたから。）

　　　　③ 因为他们去的饭店又贵又不好吃。

　　　　（彼らが行ったレストランは高いばかりでおいしくなかったから。）

　　　　④ 因为他们父母去的地方到处是人。

　　　　（彼らの親が行くところ人ばかりだから。）

24 (7) 問：朱女士为什么连饭都吃不下了？

　　　　（朱さんはなぜごはんものどを通らなくなったのか。）

　　答：❶ 因为父母不断批评她乱花钱。

　　　　（両親が，彼女が無駄遣いをするとしきりに非難したから。）

　　　　② 因为她买的围巾不如网上的好。

　　　　（彼女が買ったマフラーはオンラインのものほど良くないから。）

　　　　③ 因为她花上万元买了羊绒围巾。

　　　　（カシミヤのマフラーを買うのに１万元も使ったから。）

　　　　④ 因为父母不想一起出门游玩。

　　　　（両親が一緒に遊びに行きたくないから。）

25 (8) 問：季先生获得父母夸赞的秘诀是什么？

　　　　（季さんが両親に褒められた秘訣とは？）

　　答：① 让父母接受他的想法。（両親に彼の考えを受け入れてもらう。）

　　　　❷ 顺着父母的意思说话。（両親の意向に沿って話をする。）

　　　　③ 告诉父母自己想偷个懒。（自分が怠けたいと両親に伝える。）

　　　　④ 给父母送他们喜欢的东西。（両親に彼らの好きなものをあげる。）

26 (9) 問：父母们有什么美德？（親たちにはどのような美徳があるのか。）

　　答：① 不断地夸赞年轻人。（若者を褒め続ける。）

　　　　② 有自己的生活习惯。（自分の生活習慣がある。）

　　　　❸ 勤劳俭朴、吃苦耐劳。（勤勉でつましく，労苦に耐えうる。）

　　　　④ 真心心疼年轻人花钱。（若者がお金を使うことに，心底心を痛める。）

27 (10) 問：与本文内容相符的是以下哪一项？

（本文の内容と一致するものは，次のどれか。）

答：① 视频使得春节里过年的气氛都没有了。

（動画は，正月の年越しの雰囲気を台なしにしてしまった。）

② 春节期间饭店里的饭菜都又贵又不好吃。

（春節の時期，レストランの食事は高くてまずい。）

❸ 生活的经验让父母们觉得不能乱花钱。（人生の経験から親たちは，
むやみにお金を使うべきではないと思っている。）

④ 年轻人有了自己的习惯就会理解父母。

（若者が自分の習慣をもつようになると，親を理解するようになる。）

**2** 500 字程度の文章を聞いたあと，指定された5か所の文を漢字で書き取りま
す。全体の内容を理解しながら，正しく漢字で書く能力を問います。(各10点)

37 　　出太峪收费站没多远，有一条通往山间侍郎湖的小路。小路虽不繁华，
却带给了我们许多乐趣。路不宽，两旁栽满了垂柳。<sub>(1)</sub>向路两边延伸的是镇
上村民自建的房屋，白墙灰瓦，透过柳树看去，显得颇有情调。

　　每天下班，最有意思的事就是约几个同事一起去逛这条小路，相互在小
路上追逐嬉戏，一起疯，一起闹，然后就沿着小路一直静静地走着，走着，
不知不觉才发现时间已经很晚了，该回宿舍了……

38 　　<sub>(2)</sub>小路从不缺乏生机。春天，万物复苏，花草竞相生长，生怕自己长得
比别人慢似的。夏天，树上爬满了知了，荷塘里全是青蛙，走在小路上，冷
不丁的一只青蛙从你身旁"嗖"地一跳，直接钻到草丛里，把人吓了一大跳；
<sub>(3)</sub>秋天，农闲的人们三五成群地坐在小路两旁的台阶上，聊着天，慵懒地晒
着太阳；冬天，即使白雪覆盖了小路，小路也并不孤独，慢慢拨开积雪，你
会发现，在雪的下面，一粒粒种子正在孕育生长。"扑愣愣"，<sub>(4)</sub>小鸟发现有
人来，赶忙拍打着翅膀，飞到树上。一切是那么的美丽，就像一幅风景画。

39 　　突然有一天，走在这条小路上，我仿佛悟出了些什么。<sub>(5)</sub>我们就跟这条
小路一样，虽然地处偏远，却也积极乐观，为村民的幸福生活默默守护着。

　　天色已晚，又到该回宿舍的时间了。再见，可爱的小路，我们明天见。

訳：太峪料金所からほど近い所に，山間の侍郎湖に続く小道がある。人通りは
少ないが，この道はわたしたちに多くの喜びを与えてくれる。道幅は狭く，道
に沿ってしだれ柳が並んでいる。<sub>(1)</sub>道の両側には，村人たちが建てた家が立ち
並び，白い壁と灰色の瓦が，柳越しに見えて，たいへん風情があるのだ。

50

毎日仕事が終わって，いちばん楽しみなのは同僚を何人か誘って一緒にこの道をぶらぶらと歩くことだ。道で追いかけっこをして戯れたり，一緒にはしゃぎ回ったり，ふざけたり，そして小道をただ静かに歩き続けて，知らないうちに，時間が経ってしまい，寮に戻らないといけない時間になってしまう……。

　(2)小道はその生命力を決して衰えさせない。春には，すべての物がよみがえり，花や草は互いに先を競って成長する，ほかよりも成長が遅くなることを恐れるかのように。夏には，木はセミでいっぱいで，蓮池はカエルであふれている。小道を歩いていると，カエルが横からいきなり「ヒュー」と飛び出し，草むらに潜り込んで行くのにはびっくりさせられる；(3)秋，農閑期には，人々が道の両側の石段に三々五々に座り込んでは，おしゃべりしたり，気だるそうに日向ぼっこをしたりしている。冬は，雪が覆っていても，小道は孤独ではない。そっと雪をかき分けてみると，その下には種が芽吹くのを見つけることができる。「パタパタ」と(4)人に気づいた小鳥は，慌てて羽ばたくと，木の上へ飛んで行った。すべてはなんと美しく，まるで風景画のようだ。

　ある日，この道を歩いていると，わたしは突然何かを悟ったような気がした。(5)わたしたちもこの小道のように，人里から離れているが，前向きに楽観的に，村人たちの幸せな生活を静かに見守っているのではないだろうか。

　日も落ちて，また寮に帰る時間になった。さようなら，愛しい小道，またあしたね。

## 筆 記 (⇨問題37頁)

1 800字程度の文章を読み，流れをつかんで適当な語句を補う8問，正しいピンインを選ぶ1問，内容の理解を問う1問に答えます。語句の知識と読解力を問います。

(各2点)

解答：(1)❹　(2)❸　(3)❶　(4)❷　(5)❶　(6)❹　(7)❷　(8)❸　(9)❶　(10)❷

在消费主义盛行的时代，我们被永不满足的欲望所支配，总是想要拥有更多，这种冲动 (1)无时无刻 不在体内涌动。心理学家布鲁斯·胡德则在新书《被支配的占有欲：为何我们总想要更多？》中告诉我们为何人总是戒不了占有欲。

胡德认为一个重要的 (2)原因／因素／缘故 在于我们对"所有权"的执念遍布所有的生活场景：小到一个平时常用的物件，大到一栋房子、一段感情……当我们在这些东西上面花的时间越长，越容易产生"这是我的"的想法。一旦有了这样的念头，我们便会 (3)基于 自己所拥有的东西将自我与他人比较，希望自己比朋友、同事赚更多的钱，拥有更多的东西。所有权是一种本能，一个三岁的孩子也会知道看管好自己的玩具小汽车，轻易不和其他人 (4)分享 ，随着所有权的概念在人类头脑中通过长期的构建变得根深蒂固后，就会让我们想要占有更多而拒绝与他人共同受益。

我们之所以对一些所有物有着如此深的执念，会在消费中获得买买买的快感，是因为我们往往会对所有物 (5)赋予 过高的价值，把它们当作是自我的延伸。许多人相信，拥有更多超出所需的东西，自己就会满足，这也成为他们生命的全部意义，而每一次的占有都让人 (6)上瘾 ，最终不能自拔。

人总是戒不了占有欲的另一个重要起因，则是我们喜欢(7)炫耀 xuànyào，渴望获得认可。在很多人的观念里，消费是一种符号，一种可以被社会 (8)接纳 的标志，于是就想通过财产、所有物来表明自己在社会上取得的成绩，来增加社会的认可度。一些人和家庭还会无视收支的比例，把收入的很大一部分投入到奢侈品上，而非购买必需的生活品， (9)希冀／指望／企图 以此来表明自己也应该受到和社会上流阶层同等的重视。

那么我们究竟该如何不让情绪支配我们的选择，从而去做出理性的决策呢？又该如何认清财富、所有物和人生的关系呢？这些是我们每个人都必须

认真思考的。

訳：消費主義が盛んな時代において，わたしたちは「もっと欲しい」という飽くなき欲望に支配され，その衝動は絶え間なく体中で沸き起こるのである。心理学者ブルス・フードは，新刊『支配される所有欲―なぜわたしたちはいつも「もっと欲しい」と思うのか』において，人が所有欲を捨てられない理由を教えてくれる。

フードによれば，重要な要因の一つは，「所有」への執着があらゆる生活場面に浸透しているということだ。小さきは日常によく使うものから，一棟の家や人間の感情のような大きな物事まで……。これらの物事に時間を費やせば費やすほど，「これはわたしのものだ」と思うようになりがちになる。一度そのような考えをもってしまうと，わたしたちは自分が持っているものを基準に自分を他人と比較し，友人や同僚よりも多くのお金を稼ぎ，多くのものを持つことを望むようになる。所有はある種の本能であり，3歳の子どもでも自分のおもちゃの車を管理し，気軽に他人と共有しようとしない。われわれは，所有という概念が長期にわたって脳裏で構築され続けるとしっかり根づいてしまい，より多くの所有を望み，他人と共有することを拒むようになるのである。

わたしたちが一部の所有物に強い執着を持ち，消費する中で買うことに興奮を覚えるのは，所有物に過剰な価値を与え，それらを自己の延長として見なす傾向があるからである。多くの人は，必要以上のものを持つことが自分を満足させると信じ，それがその人たちの人生のすべてであるかのようになり，所有するごとに病みつきになり，ついに自分から抜け出せなくなってしまうのである。

人が所有欲を止められないもう一つの重要な理由は，わたしたちは見せびらかすことが好きで，人から認められることを渇望しているからだ。多くの人の頭の中では，消費は一種のシンボルであり，社会的に認められる証しなので，財産や所有物を通じて，社会で得た自分の成果を示し，社会的な認知度を高めようとするのだ。一部の人や家庭では，収入と支出の比率を無視して，生活必需品を買わずに，収入の多くを贅沢品に充て，自分も社会の上流階級と同等の評価を受けるに値することを示そうとする。

では，感情に左右されることなく，合理的な判断をするには一体どうしたらいいのだろうか。また，富や財産と人生の関係を，どのように認識すればいいのだろうか。これは，わたしたち全員が，真剣に考えなければならないことなのだ。

(1) 空欄補充

　　① 无堅不摧　　② 无拘无束　　③ 无奇不有　　❹ 无時无刻

　　　“无…不…”“无…无…”の形式が応用される四字熟語の問題です。“我们被永不满足的欲望所支配,总是想要拥有更多”の前文から,「いつでも,いつも」という意味の流れなので,“无時无刻”(四六時中)を選びます。“无堅不摧”は「どんな堅固なものでも打ち砕く」,“无拘无束”は「何の拘束もない」,“无奇不有”は「奇の限りを尽くす」という意味です。

(2) 空欄補充(不適当)

　　① 原因　　　　② 因素　　　　❸ 根本　　　　④ 缘故

　　　上の段落に述べられていることの原因を言及しているので,「原因」の意味を表さない“根本”(根本)を選びます。“原因”は「原因」,“因素”は「要因」,“缘故”は「訳」という意味です。

(3) 空欄補充

　　❶ 基于　　　　② 出于　　　　③ 属于　　　　④ 关于

　　　自分が持っているものを「基に」他人と比較するという意味なので,“基于”(…に基づき)を選びます。“出于”は「…から出る」,“属于”は「…に属する」,“关于”は「…に関する」という意味です。

(4) 空欄補充

　　① 分担　　　　❷ 分享　　　　③ 分流　　　　④ 分拆

　　　自分も他人も欲しいもの,情報,気持ちなどを分かち合うという場合は“分享”(分け合う)を選びます。“分担”は「分担する」,“分流”は「分流する」,“分拆”は「分割する」という意味です。

(5) 空欄補充

　　❶ 賦予　　　　② 授予　　　　③ 贈予　　　　④ 賜予

　　　あるものや事柄に抽象的な何かを与える場合は“賦予”(授ける)を選びます。“授予”は「授与する」,“贈予”は「贈与する」,“賜予”は「与える,贈る」という意味です。

(6) 空欄補充

① 上手　　　　② 上火　　　　③ 上心　　　**❹ 上瘾**

> 後続の“最終不能自拔”から，ここは「病みつきになる」という意味なので，“上瘾”を選びます。“上手”は「始める」，“上火”は「のぼせる」，“上心”は「気を付ける」という意味です。

(7) ピンイン表記

① xuányào　　**❷ xuànyào**　　③ xuànyáo　　④ xuányáo

> “炫耀”は「ひけらかす」という意味です。声調，ピンインのつづりともに注意しましょう。

(8) 空欄補充

① 批准　　　　② 领受　　　**❸ 接纳**　　　④ 选拔

> 組織や社会がある存在を受け入れるという意味なので，“接纳”（受け入れる）を選びます。“批准”は「承認する」，“领受”は「受領する」，“选拔”は「選抜する」という意味です。

(9) 空欄補充（不適当）

**❶ 但愿**　　　② 希冀　　　③ 指望　　　④ 企图

> 「希望する，期待する」という意味の動詞が入る箇所で，選択肢もみなそのような意味ですが，“但愿”（願わくは…であってほしい）だけは話し手の希望をその場で表すのに用いられますので，ここでは使えません。“希冀”は「望む」，“指望”は「一心に期待する」，“企图”は「企む」という意味です。

(10) 内容一致

① 我们希望赚更多的钱是为了在消费中获得买买买的快感。

（もっとたくさんのお金を稼ごうとするのは，消費する中でもっともっと買おうという楽しみを得るためである。）

**❷ 在不少人的眼里，所有物是增加社会认可度的法宝。**

（多くの人にとって，所有物は社会的認知度を高める魔法の武器である。）

③ 奢侈品的数量可以衡量一个人在社会上受重视的程度。

（贅沢品の多寡で，その人の社会での評価の程度を測ることができる。）

④ 生活中的东西和事物都是对所有权的执念而产生的。

（生活の中の物や事柄は，すべて所有への執着から生まれる。）

2　適当な語句を補います。読解力と語句の知識を問います。　　　　（各2点）

解答：(1) ❸　(2) ❶　(3) ❷　(4) ❸　(5) ❶　(6) ❹　(7) ❷　(8) ❸　(9) ❶　⑽ ❹

(1) 本来是正确的观念，有时会被看作是常人无法理解的（ 谬论 ）。（本来正しい概念が，常人には理解できないでたらめな理屈と見なされることがある。）

① 论证　　　　② 论据　　　❸ 谬论　　　　④ 辩论

　　“(正确的) 观念”（〔正しい〕概念）に対応する意味のものとして“(无法理解的) 谬论”（〔でたらめな〕理屈）を選びます。“论证”は「論証」，“论据”は「論拠」，“辩论”は「弁論」という意味です。

(2) 听了他的一席话，我心里的（ 疙瘩 ）一下子解开了。

（彼の話を聞くなり，わたしの心のわだかまりはすぐに解けた。）

❶ 疙瘩　　　　② 麻烦　　　③ 纠纷　　　　④ 争端

　　“心里的”(内心の) の表現をヒントに“疙瘩”（わだかまり）を選びます。“麻烦”は「面倒」，“纠纷”は「紛糾」，“争端”は「争いのきっかけ」という意味です。

(3) 他表演得很（ 呆板 ），一点儿也不自然。

（彼の演技は非常にぎこちなく，まったく自然ではなかった。）

① 枯燥　　　❷ 呆板　　　③ 固执　　　　④ 发愣

　　“表演得很…”から演技に関する表現の“呆板”（型にはまっている）を選びます。“枯燥”は「味気ない，面白味がない」，“固执”は「固執する」，“发愣”は「ぼんやりする」という意味です。

(4) 别看他个子小，干起活来是把好手，动作（ 麻利 ），效率高。（彼は体が小さいが，仕事をすればなかなかのやり手だし，動作が機敏で，手際もいい。）

① 顺从　　　　② 老成　　　❸ 麻利　　　　④ 圆滑

　　全体の文意と“动作”から“麻利”（敏捷だ）を選びます。“顺从”は「従順だ」，“老成”は「大人びる」，“圆滑”は「如才がない」という意味です。

(5) 消费者协会应该为收到过量广告而被损害权益的报刊订户（ 撑腰 ）。

（消費者団体は過剰な広告により権利を侵害された新聞や雑誌の購読者を支援すべきである。）

❶ 撑腰　　　② 后盾　　　③ 支持　　　④ 张扬

　　"为收到过量广告而被损害权益的报刊订户"（過剰な広告により権利を侵害された新聞や雑誌の購読者のために）とあり，被害者のためにという意味から"撑腰"（後押しする）を選びます。"后盾"は「後ろ盾」，"支持"は「支持する」，"张扬"は「言いふらす」という意味です。

(6) 观察必须仔细，（ 草率 ）地走马看花，会遗漏细节，有时细节可能是关键。

（観察は慎重であるべきで，いい加減に物事の表面だけを見ていると，細部を見落としてしまうが，ささいなことが鍵となる場合もある。）

① 表率　　　② 直率　　　③ 轻率　　　❹ 草率

　　"走马看花"（大ざっぱに物事の表面だけを見る）から"草率"（いい加減だ）を選びます。"表率"は「手本」，"直率"は「率直だ」，"轻率"は「軽率だ」という意味です。

(7) 值得做的事，我就坚持，（ 至于 ）别人怎么想，我不在乎。

（やるだけの価値のある事はやり通し，他人が何と思おうが気にしない。）

① 哪怕　　　❷ 至于　　　③ 即使　　　④ 如果

　　前半の"值得做的事，我就坚持"（やるだけの価値のある事はやり通す）ではある程度まとまったことが述べられており，後半の"别人怎么想，我不在乎"（他人が何と思おうが気にしない）は前半と関連はあるものの，他のことが述べられています。前半・後半の関連を見て，"至于"（…に至っては）を選びます。"哪怕"は「たとえ…でも」，"即使"は「たとえ…としても」，"如果"は「もしも…ならば」という意味です。

(8) 她走后，我心里一直（ 七上八下 ），忐忑不安地等待着消息。

（彼女が去ったあと，わたしの心はずっと乱れっぱなしで，心が落ち着かないまま知らせを待っている。）

① 三心二意　　② 四分五裂　　❸ 七上八下　　④ 千言万语

　　後半にも"忐忑不安"（心が落ち着かない）があるので，心配しているという文意から"七上八下"（心が乱れるさま）を選びます。"三心二意"

は「決心がつかずにためらう」，"四分五裂"は「四分五裂する」，"千言万语"は「非常に多くの言葉」という意味です。

(9) 他对山里的植物非常熟悉，连植物的名字也能一五一十地说出个（　来龙去脉　）。(彼は山の植物に非常に精通しており，植物の名前のいわれをも細大漏らさず語ることができる。)

&#10102; 来龙去脉　　② 来日方长　　③ 古往今来　　④ 运转时来

　　"连植物的名字也能一五一十地说出"（植物の名前についてさえもそのいわれを細大漏らさず語ることができる）とあるので，"来龙去脉"（いきさつ）を選びます。"来日方长"は「これからまだ先が長い」，"古往今来"は「昔から今まで」，"运转时来"は「運が向いて道が開ける」という意味です。

(10) 各种昆虫，不知躲在什么地方，演奏着（　悦耳动听　）的曲子。
(あらゆる種類の昆虫は，どこかに隠れて，耳に快いメロディを奏でている。)

① 听而不闻　　② 听其自然　　③ 洗耳恭听　　&#10103; 悦耳动听

　　"曲子"（メロディ）の修飾語として"悦耳动听"（耳に心地よい）を選びます。"听而不闻"は「聞いても耳に入らない」，"听其自然"は「自然の成り行きに任せる」，"洗耳恭听"は「拝聴する」という意味です。

---

3　正しく解釈した文を選びます。語句の意味についての知識を問います。(各2点)

解答：(1)&#10103;　(2)&#10102;　(3)&#10104;　(4)&#10103;　(5)&#10102;　(6)&#10103;　(7)&#10103;　(8)&#10104;

(1) 你总说请我吃饭，闹了半天你是在放空炮啊。(あなたはいつもわたしにごちそうすると言うけれど，結局のところ口ばかりだ。)

① 比喻说话废话连篇，没有逻辑。
（無駄口ばかりたたき，論理的でないことのたとえ。）

② 比喻远距离说话，难以听清楚。
（距離を置いて話すので，聞き取りにくいことのたとえ。）

③ 比喻说话很直接，非常有信心。
（話し方がストレートで，自信をもっていることのたとえ。）

&#10103; 比喻说得很响亮，没有实际行动。
（声高らかに話すが，実際の行動がないことのたとえ。）

　　"放空炮"は「空砲を放つ」という字面の意味から，「大言壮語する」「大

ぼらを吹く」という意味を表します。

(2) 我想跟她说，可又怕被她拒绝，使我<u>下不来台</u>。

（彼女に言いたかったのだが，断られて，ばつが悪くなるのが怖かった。）

**❶ 比喻不能摆脱困难尴尬的处境。**

（困難で具合が悪い状態から抜け出せないことのたとえ。）

② 比喻没有办法离开是非之地。

（厄介な場所から離れる方法がないことのたとえ。）

③ 比喻不明白如何搞好关系。

（どのように良い関係を築いたらよいかが分からないことのたとえ。）

④ 比喻想不起来应该说的话。（言うべきことが思い出せないことのたとえ。）

"下不来台"（"下不了台""下不了台阶"とも）は困難で具合が悪い状態から引っ込みがつかない，あるいはその状態の収拾ができないという意味を表します。

(3) 你去之前再好好儿看看地图，省得<u>走冤枉路</u>。

（行く前にもう一度地図をよく見て，無駄足を踏まないようにしなさい。）

① 比喻因看错地图而走小路。

（地図を見間違えてしまい，小道を歩くことのたとえ。）

② 比喻因不熟悉而走泥泞路。

（不案内のため，ぬかるんでいる道を歩いてしまうことのたとえ。）

**❸ 比喻本来不必走而多走的路。**

（本来歩かなくて済むところ，無駄に歩いてしまうことのたとえ。）

④ 比喻不想走而不得不走的路。

（歩きたくないが，歩かなければならないことのたとえ。）

"走冤枉路"は「無駄足を踏む」という意味を表します。

(4) 我觉得她和以前一样，看不出有什么<u>不对劲儿</u>的地方。（彼女は以前と変わった様子はなく，変な所はどこにも見当たらないように思われる。）

① 比喻大小不同，放在一起不合适。

（大きさが違うので，一緒にするのは適切ではないことのたとえ。）

**❷ 比喻人和事物有不正常或不舒服的地方。（人と物事が正常ではない，あるいはしっくりこないところがあることのたとえ。）**

59

③ 比喩变化很大，失去了原来的样子。

（変化が激しく，本来の姿を失ったことのたとえ。）

④ 比喩事物存在矛盾，看着不顺眼。

（物事に矛盾があり，目障りであることのたとえ。）

　　"不对劲儿"には「おかしい」「気が済まない」「気が合わない」という意味がありますが，ここでは「おかしい」という意味です。

(5) 你别和我<u>套近乎</u>，有什么直说！

（わたしになれなれしくしないで，何かあるならはっきり言って！）

❶ **比喩拉拢某人使关系亲近。**（仲よくなろうと人に取り入ることのたとえ。）

② 比喩站得很近以表示亲热。

（親密さを表現するために，近くに立つことのたとえ。）

③ 比喩关心他人，说心里话。

（他人への思いやりから，心を打ち明けることのたとえ。）

④ 比喩坐在一起，小声说话。（一緒に座って，小声で話をすることのたとえ。）

　　"套近乎"は（特にあまりよく知らない人に）古い知り合いかのようになれなれしく取り入ることを表します。"拉近乎"とも言います。

(6) 小陈来了没多久就跟研究员们<u>打得火热</u>，常在一起打篮球。

（陳さんは来てほどなくして研究者たちと仲よくなり，よくバスケットボールを一緒にしていた。）

① 比喩一起工作，娱乐。（一緒に働き，一緒に遊ぶことのたとえ。）

② 比喩喜欢打球，很投入。（球技が好きで，夢中になっていることのたとえ。）

③ 比喩有说有笑，很热闹。

（話したり笑ったりして，にぎやかなことのたとえ。）

❹ **比喩亲热，关系密切。**（仲がよく，関係が密接であることのたとえ。）

　　"火热"は「火のように熱い」という字面の意味から特に人間関係で熱烈で，たいへん親しい意味を表します。そのようにするという意味で"打得火热"と言います。

(7) 我们应该在投资项目上多<u>做文章</u>。

（わたしたちは投資プロジェクトにもっと力を入れるべきだ。）

① 比喩利用资料写论文，提出主张。

（資料を利用して論文を書き，自己の主張を説くことのたとえ。）

❷ 比喻利用一件事发议论，打主意。

（ある事を利用して議論をふっかけたり，知恵を出したりすることのたとえ。）

③ 比喻利用数据做计划，写报告。

（データを利用して計画を立て，報告を仕上げることのたとえ。）

④ 比喻利用一个机会发表意见，提建议。

（ある機会を利用して意見を発表したり，提案をしたりすることのたとえ。）

　　“做文章”は①「揚げ足を取る，言いがかりをつける」，②「ある事を取り上げて問題にする」という意味を表しますが，ここでは②の意味です。

(8) 你这是<u>何苦来</u>呢，他不愿意去就算了。（わざわざそんなことをすることもなかろう，彼が行きたくないならそれまでじゃないか。）

① 表示不应该强求他人做某件事。

（他人に何かの物事を強制してはならないことを表す。）

② 表示不知道如何避免某件事。

（どのようにある事を避けるのか，分からないことを表す。）

❸ 表示不值得让自己感到苦恼。（自らを煩わせる意味がないことを表す。）

④ 表示不愿意看到别人左右为难。

（他人が板挟みになるのを目にしたくないことを表す。）

　　“何苦来”は“何苦”とも言い，反問の形で，ある事をする価値がないという意味を表します。

4　600字程度の文章を読み，2か所のピンインを漢字に改め，2つの文を日本語に訳します。全体の内容を理解しながら，正しく漢字で書く能力，日本語の翻訳力を問います。　　　　　　((a)(b)各2点，(1)(2)各8点)

　　初识山猫时从没想过写它，它的隐秘生活几乎无人知晓，然而，(1)<u>经过这些年的山林观察与民间访问，山猫的苦苦挣扎和近乎绝望的抗争赢得了我的尊敬</u>。它柔软得能以脚掌探摸埋在雪下的铁夹，又(a)gāngyì（刚毅）得任何力量都无法征服。断断续续的8个月的写作是一段认知的过程，山猫成为了我心目中的英雄。山猫河谷位于中国唯一的寒温带原始森林的边缘，于我如同活生生的自然博物馆，更是一片神圣之地。生态环境关乎大地生灵的生

存与毁灭，我越来越意识到当下的动物写作不同以往，(2)我的动物写作必须揭示动物主人公的生存之道，解开它们与森林万物互惠共荣的进化奥秘。通过我的写作使读者去了解、尊重、(b)hēhù（呵护）它们，并且思考如何珍惜我们身边的环境。山猫和自然万物一起在默默无闻地维护着森林的健康，也维护着脆弱的地球生态系统。当人类利益与野生世界发生冲突时，我永远站在野生世界一边。

訳：初めて山猫と出会ったときは，山猫について書くつもりはなかった。その隠された生活ぶりはほとんど知られていない。しかし，(1)ここ数年，山林を視察し，人里を訪れるなかで，山猫の必死の抵抗と，絶望とも思える抗争がわたしに尊敬の念を抱かせた。山猫は，雪の中に埋められている鉄の（捕獲）ハサミを足の裏で探知できるほど繊細であり，他方どんな力でも屈服させることができないほどの剛毅な一面も持っている。断続的な8か月の執筆は，一つの認知の過程で，山猫はわたしの心の中の英雄になった。山猫河谷は，中国唯一の亜寒帯原生林の辺境にあり，そこはわたしにとって，生きた自然博物館であり，また神聖なる地でもある。生態環境は大地の生き物の生存と破壊に関係している。今の動物に関する執筆は以前と違って，(2)わたしが動物について執筆するには，主人公である動物が生存しうる道を明らかにし，動物たちと森のすべてのものが，互いに助け合い，共栄を図ってきた神秘を解明しなければならないと，ますます意識するようになった。わたしの執筆によって読者には，彼らを理解し，尊重し，保護し，同時にわたしたちの周りの環境をいかに大切にするかを考えてもらうのだ。山猫は自然界のあらゆる生き物と一緒に静かに森を健全に守り，同時に地球の崩れやすい生態系を守っている。人類の利益が野生世界の利益と衝突するとき，わたしは常に野生世界の側に立っている。

(a)・(b)，(1)・(2)　上記参照

> (1) "山林观察与民间访问""苦苦挣扎和近乎绝望""赢得…尊敬"などは，原文の言わんとするところを把握し，直訳ではなくできるだけ自然な日本語であることが望ましいでしょう。
>
> (2) "揭示""解开"はこの文の主な動詞ですが，いずれも直訳ではなく，「明らかにする」「解明する」と訳します。

**5** 100字程度の日本語の文章2題を中国語に訳し，指定された3つの語句を使用して1つの事柄について作文します。会話, 手紙, 論説などの少しまとまった長さの文章を組み立てる能力を問います。 (各8点)

(1) ある人が船で川を渡る時に，誤って剣を川に落とした。彼は小刀で船端に目印を刻みつけて，対岸に着いた時にはじめてこの記号をたよりに剣を探そうとした。周りの人は「船は遠くまで移動したのに，剣が見つかるわけがない」と笑った。

有个人乗船渡河时，不小心将剑掉进了河里。他用小刀在船边刻了一个记号，到达对岸时才按照这个记号去寻找剑。周围的人都笑他："船都走了这么远了，怎么能找得到剑呢？"

> 「剣を川に落とした」は"把／将剑掉进了河里"と訳します。「した時にはじめて…」は「時間を表す語句＋"才"…」と表現できます。「…をたよりに」は"按照…"と訳せます。この文は四字熟語"刻舟求剑"の話です。

(2) 児童専用の薬が不足しているため，子どもによく成人の薬が処方され，用量を減らして半分または三分の一にする処方箋が多い。更には適当に減量するとしか書かれていないものもある。これだと子どもの健康を害する可能性が出てくる。

由于缺乏儿童专用药，常给儿童开成人药，许多处方减少用量，减半或减为三分之一。有的处方甚至只写有酌情减量的字样。这可能会有损儿童的健康。

> 「…ため」は"由于／因为…"と訳します。「成人の薬が処方され」は中国語では受け身でなく，"常开成人药"とするのが自然な表現です。日本語の「長い修飾語＋もの」もそのままの語順で訳すと，中国語としては不自然になるので，「もの」の訳の"处方"の前に長い修飾語を置くことを避けて，"处方"を前置し，長い修飾語を述語として訳していきます。

(3) 「カルチャーショック」について "价值观""困惑""多元化"を使用

(作文例) 现在世界越来越多<u>元化</u>，无论哪个领域都会有不同的<u>价值观</u>在相互碰撞着。处于这个时代，我们不免有<u>困惑</u>，但同时我们的思维会越发活跃，生活也会更多彩。

（世の中がますます多様化している今，どの分野においても異なる価値観がぶつかり合っている。この時代におかれたわたしたちは，戸惑うことは避けられないが，同時にわたしたちの思考はより活発になり，わたしたちの生活はより多彩なものになるだろう。）

> "越来越…"は「ますます…」。"无论／不论"は"都"や"也"などと呼応して，条件がどうあっても，その結果や結論が変わらないことを表す複文を構成します。"处于…"は「…にある」「…に置かれる」。"不免…"は「…を免れない」「…が避けられない」。

# 準1級第110回
## (2023 年 11 月)

**問 題**

　　解答時間：計 120 分

　　配点：リスニング 100 点，筆記 100 点

**解答と解説**

03 **1** 中国語を聞き，(1)～(10)の問いの答えとして最も適当なものを，①～④の中から1
つ選びなさい。

(50点)

04
12

05
13

06
14

07 (1)
15 　　　①　　　　　　　　②　　　　　　　　③　　　　　　　　④

08 (2)
16 　　　①　　　　　　　　②　　　　　　　　③　　　　　　　　④

09 (3)
17 　　　①　　　　　　　　②　　　　　　　　③　　　　　　　　④

10 (4)
18 　　　①　　　　　　　　②　　　　　　　　③　　　　　　　　④

11 (5)
19 　　　①　　　　　　　　②　　　　　　　　③　　　　　　　　④

20
28

21
29

22
30

23
31　(6)
　　① 　　　　　② 　　　　　③ 　　　　　④

24
32　(7)
　　① 　　　　　② 　　　　　③ 　　　　　④

25
33　(8)
　　① 　　　　　② 　　　　　③ 　　　　　④

26
34　(9)
　　① 　　　　　② 　　　　　③ 　　　　　④

27
35　(10)
　　① 　　　　　② 　　　　　③ 　　　　　④

36 **2** 中国語を聞き，その中から指定された5か所を漢字で書き取りなさい。 （50点）

37
45
50

38
46
51

39
47
52

40
41
42
43
44
45
46
47
48
49

**1** 次の文章を読み，⑴〜⑽の問いの答えとして最も適当なものを，①〜④の中から1つ選びなさい。 （20点）

　　"断舍离"这个词已经为越来越多的人所熟悉。　⑴　这是日本人山下英子早在2001年就提出的一个概念。但"断舍离"真正热起来，还是因为她于2009年出版、2011年再版的同名书。该书登上日本各大　⑵　书榜，"断舍离"一词也成为2011年的流行语。

　　山下英子从年轻时开始练习瑜伽，通过瑜伽参透了斩断欲念、远离执念的行动哲学，即"断行，舍行，离行"。

　　多年前，山下英子在佛教圣地高野山有过一次寺庙住宿体验，僧人们日常生活的简朴让她很有感触。僧人们身边只有最简单的生活必需品，并怀着　⑶　之心对待每一件物品。她忽然领悟到，自己需要的不是"既要这个，又要那个"的加法式生活，　⑷　"这个不需要，那个也不需要"的减法式生活。

　　在那之后，山下英子便开始致力于提倡以"断舍离"概念为基础的、任何人都能亲身实践的新的家居整理术。通过对日常家居环境的收拾整理，改变意识，脱离物欲和执念，过上自由　⑸　的生活。那么"断舍离"究竟具体指的是什么呢？断，就是不买非必需品；舍，就是处理掉家里没用的东西；离，就是摆脱对物质的欲望和　⑹　。

　　从2000年起，山下英子以"杂物管理咨询师"的身份在日本各地举办过多次　⑺　"断舍离"理念的讲座，引起日本NHK、东京电视台、《每日新闻》、《日本经济新闻》等媒体竞相采访报道，令"断舍离"成为社会流行话题，并形成全民热潮。

　　让山下英子甚感⑻欣慰的是，不少人在进行了"断舍离"的实践以后，不仅是家里的杂物被整理得井井有条，自己的人生也发生了巨大的变化。"断舍离"帮助人们摆脱了对现实杂物的执念，同时也在　⑼　间清理了心灵的杂物，让人们生活得更加轻松、自在。

　　山下英子说："'断舍离'不仅仅是某种具体的家居整理术，更是一种'活出自我'的思维变革，一种彻底的生活革命。"

(1) 空欄(1)を埋めるのに適当なものはどれか。

    ① 真实　　　　② 其实　　　　③ 如实　　　　④ 切实

(2) 空欄(2)を埋めるのに適当なものはどれか。

    ① 畅快　　　　② 畅行　　　　③ 畅通　　　　④ 畅销

(3) 空欄(3)を埋めるのに適当なものはどれか。

    ① 敬畏　　　　② 尊敬　　　　③ 忠诚　　　　④ 佩服

(4) 空欄(4)を埋めるのに適当なものはどれか。

    ① 凡是　　　　② 还是　　　　③ 于是　　　　④ 而是

(5) 空欄(5)を埋めるのに適当なものはどれか。

    ① 舒散　　　　② 舒展　　　　③ 舒适　　　　④ 舒张

(6) 空欄(6)を埋めるのに適当なものはどれか。

    ① 迷惑　　　　② 迷恋　　　　③ 迷惘　　　　④ 迷茫

(7) 空欄(7)を埋めるのに適当なものはどれか。

    ① 推广　　　　② 推论　　　　③ 推及　　　　④ 推举

(8) 下線部(8)の正しいピンイン表記はどれか。

    ① xīnyù　　　　② qīnwèi　　　　③ xīnwèi　　　　④ qīnyù

(9) 空欄(9)を埋めるのに適当なものはどれか。

    ① 果然　　　　② 悄然　　　　③ 公然　　　　④ 当然

⑽ 本文の内容と一致するものはどれか。

    ① "断舍离"的概念最早是由寺庙里的僧人们提出来的。

    ② "断舍离"的概念刚问世时并没有立刻成为热门话题。

    ③ 山下英子所提倡的家居整理术其实不能适用于所有人。

    ④ 很多人实践了"断舍离"后，生活并没发生大的变化。

**2** (1)～(10)の中国語の空欄を埋めるのに最も適当なものを，①～④の中から 1 つ選び
なさい。

(20点)

(1) 你出门的时候，（　　　　）帮我把这封信寄了吧。

　　① 顺应　　　　② 顺利　　　　③ 顺便　　　　④ 顺风

(2) 他做事一向草率，（　　　　）这次能勉强过关，以后迟早会出问题的。

　　① 无论　　　　② 即便　　　　③ 至于　　　　④ 何况

(3) 小屋里除了一张桌子和一（　　　　）小油灯以外，什么都没有。

　　① 盏　　　　② 座　　　　③ 顶　　　　④ 幢

(4) 听说昨天前去为他（　　　　）的亲友有三十多个人。

　　① 履行　　　　② 放行　　　　③ 饯行　　　　④ 辞行

(5) 这种时候我们不应（　　　　）他，而是该鼓励才对。

　　① 笑柄　　　　② 笑谈　　　　③ 玩笑　　　　④ 取笑

(6) 我真不明白，他为什么会做出这么（　　　　）的事。

　　① 荒唐　　　　② 荒凉　　　　③ 荒废　　　　④ 荒芜

(7) 这件事（　　　　）你事先提醒大家，让大家少走了很多弯路。

　　① 到底　　　　② 多亏　　　　③ 竟然　　　　④ 偏偏

(8) 还有两天就要到截止日期了，从时间上看这次恐怕是（　　　　）了。

　　① 担不起　　　② 由不得　　　③ 来不及　　　④ 舍不得

(9) 这个所谓的促销活动其实就是一个（　　　　）的骗局。

　　① 一波三折　　② 扣人心弦　　③ 百折不挠　　④ 不折不扣

(10) 冠军肯定是他的，（　　　　）他根本就不参加比赛。

　　① 无非　　　　② 除非　　　　③ 是非　　　　④ 莫非

(1)～(8)の中国語の下線部の説明として最も適当なものを，①～④の中から 1 つ選びなさい。 (16点)

(1) 看到他那么气馁，我真不知道该说些什么。
　　① 指斗志突然高昂起来。
　　② 指态度变得飞扬跋扈。
　　③ 指失去了信心和勇气。
　　④ 指找不到明确的目标。

(2) 在别人的怂恿下，他再一次作出了错误的决定。
　　① 指协助别人去做某件事情。
　　② 指强迫别人去做某件事情。
　　③ 指欺骗别人去做某件事情。
　　④ 指鼓动别人去做某件事情。

(3) 听说他近几年做的最多的事儿就是到处"化缘"。
　　① 比喻向他人募集捐款。
　　② 比喻宣传佛教的理念。
　　③ 比喻为他人牵线搭桥。
　　④ 比喻为弱者提供帮助。

(4) 靠这种一锤子买卖的做法怎么能招来回头客呢?
　　① 比喻要做某件事情的意志坚定。
　　② 比喻只做一次，没有长远计划。
　　③ 比喻只做那种肯定赚钱的生意。
　　④ 比喻专做那些坑害别人的买卖。

⑸ 现在网上能看到不少这种驴唇不对马嘴的文章。

　　① 比喻道听途说，没有根据。

　　② 比喻文章不通，被人耻笑。

　　③ 比喻胡编乱造，蒙骗他人。

　　④ 比喻文不对题，前后矛盾。


⑹ 一想起当年在战场上的经历，她就不寒而栗。

　　① 形容非常悔恨。

　　② 形容十分烦躁。

　　③ 形容极度恐惧。

　　④ 形容特别自责。


⑺ 既然事情已经这样了，咱们也只好走一步看一步了。

　　① 比喻经过努力，已经距离目标不远了。

　　② 比喻做事情很有计划，从来不走弯路。

　　③ 比喻没有成功的把握，边做边想办法。

　　④ 比喻情况有变，不得不重新选择目标。


⑻ 如果没有锲而不舍的精神，就做不好这项工作。

　　① 比喻认真负责，不遗余力。

　　② 比喻精益求精，一丝不苟。

　　③ 比喻任劳任怨，不求名利。

　　④ 比喻持之以恒，坚持不懈。

**4** 次の文章を読み，ピンイン表記の(a)・(b)を漢字（簡体字）に改め，下線部(1)・(2)を日本語に訳しなさい。 (20点)

　喜爱旅行的人很多，旅行的目的也各有不同。有的是为了增加见闻、(a)tuòkuān视野，有的则是单纯的游山玩水。旅行的方式无外乎两种，要么独行天下，要么结伴而行。但是，知己的同伴往往可遇而不可求。(1)即使有幸遇到了，也难免在旅行途中出现或大或小的矛盾，最后乘兴而去，败兴而归，留下遗憾。正因为如此，许多旅行爱好者更钟情于独游。

　独游的好处在于无拘无束，可以随心所欲地去你想去的地方，切切实实地领略到不同的风土人情。(2)独游还有一个好处，可以让人从废话连篇、谎话不休的世界中暂时脱离出来，享受难得的片刻安宁。难怪真正的旅行者常要做一个独行侠。

　其实独行天下也好，结伴同行也罢，去看看外面的世界(b)zǒngguī是一件好事。旅行既是空间之变，也是时间之变。一旦踏上旅途，你就无法像往常一样按部就班地起居饮食，因为你的"日常生活"的秩序已经被打乱了。

5 (1)・(2)の日本語を中国語に訳しなさい。また，(3)の指示に従って中国語で文章を
書きなさい。 (24点)

(1) 世論調査によれば，屋外でのマスクの着用について尋ねたところ，「着け
なくてもよい」が55％で，「着けるべきだ」の42％を上回った。現状では，
屋外でもマスク姿の人が大半だが，条件によっては着けなくても許され
ると考えている人が多いようだ。

(2) 沖縄のことわざには，「青い海の先に島々は見えるのに，自分のまつげは
見えない」というのがある。なかなか奥深い言い回しだ。わたしたちは，
他人のことははっきり見えるが，身近なことはかえって見落としがちで
ある。

(3) 「公共交通」について，次の3つの語句をすべて使用して50字以上80字
以内で書きなさい。
(使用した3つの語句には下線を引くこと。)
"提供""安全""利用"
※句読点も1字と数えます。文頭を2マス空ける必要はありません。

リスニング （⇨問題66頁）

**1** 600 字程度の 2 つの文章を聞き，内容についての問い 5 問ずつに答えます。ポイントとなる内容を聞き取り,全体の趣旨をつかむ能力を問います。(各5点)

解答：(1)**❷** (2)**❶** (3)**❸** (4)**❷** (5)**❹** (6)**❹** (7)**❶** (8)**❸** (9)**❷** (10)**❸**

(1)～(5)の中国語

04 　　对于英国的工业革命很大程度上起源于煤炭开采的史实，一般人大概都不太熟悉。

　　早在公元 9 世纪，英格兰就有烧煤取暖的记录。但是在 17 世纪之前，英国人对煤炭并没有表示出什么兴趣。英国有丰富的森林资源，所以，木材是最理想、最经济的燃料。但是从 15 世纪初开始，全球气候进入寒冷期，处于高纬度地区的英国受到寒冷天气的影响更大。有人估计，当时伦敦三分之二的木材都被用来取暖了。同时英国还需要大量的木材制造军舰，冶炼也离不开木材做燃料。于是，英国出现了严重的木材危机，木材价格上涨，英国人不得不开始寻找代替木材的新能源。

05 　　当时的英国人不喜欢煤炭是因为，他们认为烧煤烤出来的面包有一股怪味儿。更严重的问题是，1666 年伦敦发生了一场特大火灾，上万栋房屋被烧毁，这导致木材更加紧缺。为了度过严冬，英国人被迫开始全力开采煤炭用来取暖。政府也制定了各种措施鼓励煤炭的开采。最终这些因素促使英国比欧洲大陆更早地完成了燃料从木材到煤炭的转型。

06 　　为了获得更多的煤炭，英国人不断向深处挖掘，甚至挖穿了透水层。为了解决抽水的问题，蒸汽机被发明出来。18 世纪后半叶，蒸汽动力又开始用于纺织、航运、造纸等生产领域，工业革命就这样发生了。煤炭运输方便，热效率高，所以蒸汽机越来越多地成了工厂和矿山的动力源。

　　一位历史学家说：如果没有煤炭的大规模开采，铁器制造和蒸汽机的利用就得不到强有力的支持，而正是这两项产业在英国工业化进程中发挥了十分重要的作用。

訳：イギリスの産業革命がかなりの程度，石炭の採掘に起源を持つという史実については，普通の人はあまりよく知らないだろう。

早くも 9 世紀のイングランドには，石炭を燃やして暖を取ったという記録がある。しかし，17 世紀以前に，イギリス人は石炭に対してこれといった興味も示さなかった。イギリスには豊富な森林資源がある。だから，木材は最も理想的で，最も経済的な燃料である。しかし 15 世紀の初めから，地球は寒冷期に入り，高緯度に位置するイギリスが寒冷気候から受けた影響は，より大きかった。当時のロンドンの 3 分の 2 の木材がすべて暖を取るために用いられたと推定する人もいる。同時にまたイギリスは，軍艦を製造するために大量の木材を必要とし，製錬にも木材が燃料として必要だった。こうして，イギリスは深刻な木材不足に陥り，木材の価格は上昇し，イギリス人は木材に代わる新しいエネルギーを探さなければならなかった。

当時のイギリス人が石炭を好まなかったのは，石炭で焼いたパンは変な臭いがすると思っていたからである。さらに深刻な問題は，1666 年にロンドンで大火災が起き，1 万戸に上る家屋が焼き尽くされ，木材のさらなる欠乏を招いた。厳冬を乗り越えるため，イギリス人は暖を取るために全力で採炭することを余儀なくされた。政府も採炭を奨励する様々な措置を制定した。最終的にこれらの要因がイギリスにヨーロッパ大陸より早く燃料を木材から石炭へ転換するよう促した。

さらに多くの石炭を得るために，イギリス人は深く深く掘り続け，地下水にまで行き当たった。水のくみ上げ問題を解決するために，蒸気機関が発明された。18 世紀後半から，蒸気の動力は紡績，水運，製紙等の生産にも用いられ始め，こうして産業革命が始まった。石炭の運輸の利便性やエネルギー効率が高いという属性は，蒸気機関をますます広く工場や鉱山での動力源とさせた。

ある歴史家はこのように言っている。「もし石炭の大規模な採掘がなければ，鉄器製造と蒸気機関の利用は強力な支持を得ることはなかっただろう。そしてまさにこの 2 つの産業はイギリスの工業化の過程で非常に重要な役割を果たしたのだ。」

07 (1) 問：一般人不太清楚英国工业革命的一个事实是什么？
（一般の人があまりよく知らないイギリス産業革命のある事実とは何か。）

答：① 英国是一个地处高纬度地区的国家。
（イギリスは高緯度に位置する国家であること。）

❷ 工业革命得益于煤炭开采业的发展。
（産業革命が石炭採掘の発展のおかげを被っていること。）

③ 英国早期的军舰都是用木材制造的。

（イギリスの初期の軍艦はすべて木材で製造されたものであったこと。）

④ 纺织业是第一个使用蒸汽机动力的。

（紡績業が最初に蒸気の動力を使用したということ。）

08 (2) 問：蒸汽机在最初是为什么而发明的?

（蒸気機関は，最初は何のために発明されたのか。）

答：❶ 是为大量开采煤炭而发明的。

（石炭を大量に採掘するために発明された。）

② 是为开展工业革命而发明的。

（産業革命を展開するために発明された。）

③ 是为提高航运能力而发明的。

（水運能力を引き上げるために発明された。）

④ 是为解决缺水问题而发明的。

（水不足問題を解決するために発明された。）

09 (3) 問：英国出现木材危机的主要原因是什么?

（イギリスで木材不足が起こった主な原因は何か。）

答：① 英国军舰的制造技术迅速提高。

（イギリスの軍艦製造技術が急速に高まったから。）

② 英国的森林面积大幅度缩小了。

（イギリスの森林面積が大幅に縮小されたから。）

❸ 取暖用的木材需求量急剧增加。

（暖を取るための木材の需要が急激に増加したから。）

④ 木材等物资的价格飞速地上涨。

（木材等の物資の価格が一気に高騰したから。）

10 (4) 問：英国人以前为什么不喜欢煤炭?

（イギリス人は以前はなぜ石炭を好まなかったのか。）

答：① 因为燃烧煤炭产生的热效率不如木材高。（石炭を燃焼して発生させ
たエネルギー効率が木材ほど高くなかったから。）

❷ 因为燃烧煤炭加工出来的食品味道不好。

（石炭を燃焼させて加工した食品の風味が良くなかったから。）

③ 因为煤炭的运输没有木材运输那么便利。

（石炭の運輸は木炭の運輸ほど便利ではなかったから。）

④ 因为与木材相比，煤炭的用途不够广泛。

（木材に比べ，石炭の用途は広範囲にわたってはいなかったから。）

11 (5) 問：与本文内容不相符的是以下哪一项？

（本文の内容と一致しないものは，次のどれか。）

答：① 英国曾经有过很丰富的森林资源。

（イギリスはかつて豊富な森林資源があった。）

② 英国开始大量使用煤炭是被迫的。（イギリスが大量に石炭を使い始めたのは，必要に迫られたからであった。）

③ 煤炭为工业革命作出了很大贡献。

（石炭は産業革命のために大きな貢献をした。）

❹ 伦敦三分之二的建筑都毁于火灾。

（ロンドンの３分の２の建築はすべて火災で焼き尽くされた。）

(6)～(10)の中国語

20 中国有句老话叫做"量入为出"，意思是挣多少花多少。

但是，这句千年古训，如今已经被许多人，尤其是年轻人忘记了。不少人为了享受所谓的中产生活，提前甚至过度消费，结果欠下大笔债务，背上了沉重的经济负担。有人半开玩笑地说：以前的人赚钱主要是为了生活，现在的人赚钱主要是用来还债。

21 有人说："用赚到手的钱来买房、购车或旅游、社交很傻，借钱消费才是聪明的做法"。这种消费观念究竟是如何形成的呢？今天的金融机构，无论是传统意义上的银行，还是互联网银行，都在想方设法制造消费需求，刺激人们的消费欲望。比如，宣称孩子过生日要设宴请客才能体现关爱，让老人坐头等舱去旅游才是孝顺，结婚纪念日夫妻互送高档礼物才能表示真爱等。总而言之，就是要消费，要高消费，要超前消费。手头没有现钱也不要紧，金融机构可以借钱给你，而且借贷的条件还相当宽松。这样做的结果是，相当多的人，尤其是那些不太富裕的人陷入了透支状态。

22 消费能力本来就不足的工薪阶层、农民工和大学生等，由于受到各种宣传的诱惑，加上自身的虚荣心和攀比心，不知不觉就背上了巨额债务。面对还贷的压力，有些人不得不借新债还旧债，有些人甚至把亲朋好友也拖进了困境。近年来，因无力偿还债务而家破人亡的悲剧不断上演。

与投資失敗不同，无节制消費導致的破産，不仅是経済上的，也是人格和社会信用的破産。破産者也許永遠无法翻身，这固然有其自己缺乏理性的責任，而極力推波助瀾的金融机构也有不可推卸的責任。

訳：中国には"量入為出"（入るを量りて出ずるを為す）という古い言葉があり，意味は収入に合わせて支出するということである。

　しかし，この大昔からの教訓は，すでに多くの人々に，とりわけ若い人々から忘れられている。多くの人がいわゆる中流の生活を享受するために，過度な消費をしたあげく，多額の負債が生じ，重い経済的負担を背負っている。昔の人はお金を稼ぐのは主に生活のためであったが，今の人がお金を稼ぐのは主に借金を返済するためである，と冗談半分に言う人もいる。

　「稼いで手に入れたお金で家や車を買ったり，旅行や人付き合いをするのは愚かで，借金して消費することこそ賢いやり方だ」。このような消費観念は一体どのように形成されたのだろうか。今日の金融機関は，伝統的な意味での銀行であれ，インターネットバンキングであれ，ありとあらゆる策を講じて消費者需要を作り出し，人々の消費欲を刺激している。例えば，子どもの誕生日にはパーティーを開き客を招いてこそ慈しみを表現できるのだだの，老親をファーストクラスで旅行に行かせてこそ親孝行の表れというものだだの，結婚記念日には互いに高価なプレゼントを贈り合ってこそ真の愛を表現できるのだだのと公言する。つまり，消費せよ，しかも，多く高額な消費をせよ，超過消費をせよというのである。手持ちの金がなくても大丈夫，金融機関は金を貸してくれるうえに，貸借の条件もかなり緩い。このようにした結果，相当数の人々が，とりわけあまり富裕ではない層の人々が借り越しの状態に陥っている。

　消費能力がもともと不足しているサラリーマン階層，農村出身の都市労働者や大学生等は，さまざまな宣伝の誘惑や，さらには自身の虚栄心や他人と比べる気持ちに負け，知らず知らずのうちに巨額の負債を背負っている。借金返済の圧力に直面して，新たに借金をして古い借金を返さざるを得ない人もいれば，親戚や友人までをも巻き込んで苦境に陥らせる人もいる。近年，負債を返済する力がなく一家が没落四散し命を落とすという悲劇がしょっちゅう起こっている。

　投資の失敗とは異なり，無節制な消費による破産は，単なる経済的な問題ではなく，人格と社会信用の破産でもある。破産した人は永遠に生まれ変わりようがないかもしれず，そこには当然自分自身の理性の欠如という責任があるが，盛んに火に油を注いだ金融機関にも他人に押し付けることのできない責任がある。

23 (6) 問：中国古人的消费观念是怎样的？

(昔の中国人の消費観念はどのようなものか。)

答：① 为了积攒钱财而尽量压缩开支。

(財産を蓄えるためにできるだけ支出を抑える。)

② 参考周围人的消费情况做决定。

(周囲の人々の消費状況を参考にして決める。)

③ 趁有赚钱能力时尽量抓紧享受。

(稼げる能力があるときにできるだけ集中して楽しむ。)

❹ 依照自己的收入能力进行消费。

(自身の収入能力に合わせて消費を行う。)

24 (7) 問：今天的不少金融机构是怎样做的？

(現在の多くの金融機関はどのようにしているか。)

答：❶ 想方设法鼓励人们高消费。

(あらゆる策を講じて人々の高い消費を奨励している。)

② 无条件地向人们提供贷款。(無条件に人々にローンを提供している。)

③ 让富人们过上更好的日子。

(金持ちたちにさらに良い生活をさせている。)

④ 帮不富裕的人们脱离困境。

(裕福でない人々が困窮から逃れるのを助けている。)

25 (8) 問：哪些人容易掉进债务陷阱？ (どのような人々が債務地獄に陥りやすいか。)

答：① 刚刚过上中产阶级生活的人。

(中流の生活を送れるようになったばかりの人。)

② 既孝敬老人又关爱孩子的人。(老人を敬い子どもを慈しむ人。)

❸ 攀比心强且容易受诱惑的人。

(他人と比較する気持ちが強く誘惑されやすい人。)

④ 热衷于买房购车和旅游的人。

(家や車の購入や旅行に強い憧れを抱く人。)

26 (9) 問：一旦破产将会面临怎样的结局？

(一度破産したらどのような結末を迎える可能性があるか。)

答：① 收入仅可用于维持基本的生活。

(収入はわずかに最低限の生活を維持することができるだけである。)

❷ 会成为丧失社会信用的失败者。

（社会的信用を失った失敗者になる可能性がある。）

③ 只能向互联网金融机构去求助。

（インターネットバンキングに救済を求めるしかない。）

④ 拼命工作等待自己的翻身之日。

（一生懸命働き自分が生まれ変わる日を待つ。）

27 (10) 问：与本文内容相符的是以下哪一项？

（本文の内容と一致するものは，次のどれか。）

答：① 投资失败的主要原因是投资者不够理性。

（投資失敗の主な原因は投資者の理性の不足である。）

② 欠下银行大笔债务都是过度消费造成的。

（銀行に多額の負債を抱えるのは過度の消費によるものである。）

❸ 金融机构对破产者的大量出现负有责任。

（金融機関は破産者の大量出現に責任がある。）

④ 消费欲望是随生活水平的提高而提高的。

（消費欲求は，生活レベルの向上に伴い向上するものである。）

[2] 500字程度の文章を聞いたあと，指定された5か所の文を漢字で書き取ります。全体の内容を理解しながら，正しく漢字で書く能力を問います。(各10点)

37 　　我们常会遇到这样的情况：(1)对方的主张我们不能完全同意，但是直接否定又怕对方的面子挂不住，所以不好意思说"不"。这难免使自己陷入两难的境地。那么究竟如何是好呢？不妨采取两步走的方式，即先"接纳"，后"拒绝"。

　　所谓"先接纳"，就是先对对方表示认可，再通过提问或建议的形式，委婉地表达自己拒绝的意思。(2)采取这样的方法，既不会让对方感到下不来台，又间接地让对方意识到你不同意他的意见。

38 　　美国加州州立大学的珍妮博士说，在处理人际关系时，一定不能莽撞，要掌握尽量避免与对方发生直接冲突的能力。(3)只要细心观察就能发现，我们身边总有一些人在处理人际关系的问题上一点儿也不费力。他们都有一个共同的特点，那就是不管什么时候，都能维护对方的自尊。反观那些人际关系不那么好的人，往往很少顾及对方的情感。(4)尽管没有恶意，但是有意无意之间就得罪了同事甚至好朋友，身边的人也一个个离你而去。

(5)也许有人会说，直率是一种美德，明明不满却不直接表达出来，这是一种虚伪的表现。说话办事直来直去，该拒绝就断然拒绝，这才是男子汉气概。不错，"男子汉气概"的确有它光彩的一面，但你不要忘了，有时候"成事不足，败事有余"的也正是它。

訳：わたしたちはよくこのような情況に遭遇するだろう。(1)相手の主張にこちらはすべて同意できないが，ストレートに否定すれば相手のメンツが保てなくなるのではないかと気になり，なかなか「違う」と言えない。これでは自分をジレンマに陥らせることは免れない。では，一体どうすればよいのだろうか。二段階の方式，つまりまず「受け止め」，それから「拒絶する」という方法をとるのも悪くない。

「まず受け止める」というのは，まずは相手を認める態度を示してから，質問あるいはアドバイスの形で婉曲的にこちらの拒絶の意思を表すのである。(2)この方法をとれば，相手に引き下がれないという思いを抱かせることがないだけでなく，相手にあなたの意見には同意できないということを間接的に意識させる。

アメリカのカリフォルニア州立大学ジェニー博士は，人間関係に対処するには，けっして衝動的であってはならず，相手との直接的な衝突を可能なかぎり避ける能力を身につける必要がある，と言っている。(3)細心の注意を払って観察しさえすれば，わたしたちの身の回りには人間関係の問題に対処するうえで少しも苦労しない人々が常にいることに気付く。彼らには一つの共通点があるが，それはどんなときでも相手の自尊心を守ることができるという点である。反対に，人間関係があまりうまくいかない人というのは，相手の気持ちを顧みないことしばしばである。(4)悪意はなくても，無意識のうちに同僚や友人の恨みを買い，周囲の人も一人また一人と去って行く。

(5)「率直であること」は一種の美徳であり，明らかに不満なのに直接それを表さないというのは一種の虚偽の表現である，という人がいるかもしれない。何を言うにも何をなすにも率直ではっきりとしており，拒絶すべき時は断固として拒絶してこそ男の気概というものだ…なるほど，「男の気概」は確かにそれなりの輝きを持つ一面ではある。しかし忘れてはならない…，時には「事をなすには足りず，事を壊すには余りある」もこの気概であることを。

**1** 800字程度の文章を読み，流れをつかんで適当な語句を補う8問，正しいピンインを選ぶ1問，内容の理解を問う1問に答えます。語句の知識と読解力を問います。

(各2点)

解答：(1)❷　(2)❹　(3)❶　(4)❹　(5)❸　(6)❷　(7)❶　(8)❸　(9)❷　(10)❷

　　"断舍离"这个词已经为越来越多的人所熟悉。(1)<u>其实</u>这是日本人山下英子早在2001年就提出的一个概念。但"断舍离"真正热起来，还是因为她于2009年出版、2011年再版的同名书。该书登上日本各大(2)<u>畅销</u>书榜，"断舍离"一词也成为2011年的流行语。

　　山下英子从年轻时开始练习瑜伽，通过瑜伽参透了斩断欲念、远离执念的行动哲学，即"断行，舍行，离行"。

　　多年前，山下英子在佛教圣地高野山有过一次寺庙住宿体验，僧人们日常生活的简朴让她很有感触。僧人们身边只有最简单的生活必需品，并怀着(3)<u>敬畏</u>之心对待每一件物品。她忽然领悟到，自己需要的不是"既要这个，又要那个"的加法式生活，(4)<u>而是</u>"这个不需要，那个也不需要"的减法式生活。

　　在那之后，山下英子便开始致力于提倡以"断舍离"概念为基础的、任何人都能亲身实践的新的家居整理术。通过对日常家居环境的收拾整理，改变意识，脱离物欲和执念，过上自由(5)<u>舒畅</u>的生活。那么"断舍离"究竟具体指的是什么呢？断，就是不买非必需品；舍，就是处理掉家里没用的东西；离，就是摆脱对物质的欲望和(6)<u>迷恋</u>。

　　从2000年起，山下英子以"杂物管理咨询师"的身份在日本各地举办过多次(7)<u>推广</u>"断舍离"理念的讲座，引起日本NHK、东京电视台、《每日新闻》、《日本经济新闻》等媒体竞相采访报道，令"断舍离"成为社会流行话题，并形成全民热潮。

　　让山下英子甚感(8)<u>欣慰 xīnwèi</u>的是，不少人在进行了"断舍离"的实践以后，不仅是家里的杂物被整理得井井有条，自己的人生也发生了巨大的变化。"断舍离"帮助人们摆脱了对现实杂物的执念，同时也在(9)<u>悄然</u>间清理了心灵的杂物，让人们生活得更加轻松、自在。

山下英子说："'断舍离'不仅仅是某种具体的家居整理术，更是一种'活出自我'的思维变革，一种彻底的生活革命。"

訳：「断捨離」という言葉は，すでにますます多くの人になじみ深いものとなっている。実はこれは日本人の山下英子（「やましたひでこ」として活動しておられるので，以下はひらがなで表記します）が早くも 2001 年に提示した概念である。ただし，「断捨離」が本当にブームとなり始めたのは，やはり 2009 年に出版され 2011 年に再版された同名の本による。本書は日本の各売れ筋ランキング上位としてリストアップされ，「断捨離」という語は 2011 年の流行語になった。

やましたひでこは若い時からヨガを始め，ヨガを通じて物欲を断ち執着から遠ざかるという行動哲学，すなわち「断行，捨行，離行」を会得した。

何年も前，やましたひでこは仏教の聖地である高野山の寺院に泊まる体験をしたことがあり，僧侶たちの日常生活の簡素さは，やましたひでこにとって大いに感じさせるところがあった。僧侶たちの身辺には簡単な生活必需品があるだけで，彼らは敬虔な気持ちでその一つ一つのものに接していた。彼女は不意に悟った。自分に必要なものは「これも欲しい，あれも欲しい」という足し算式の生活ではなく，「これは要らない，あれも要らない」という引き算式の生活だったのだ。

そのときから，やましたひでこは「断捨離」の概念を基礎とした，誰もが自分で実践することのできる新しい住居整理術の提唱に力を入れ始めた。日常の住居環境の片づけや整理整頓を通じて，意識を変え物欲と執着から離脱し，自由で快適な生活を送るのである。では，結局のところ「断捨離」が具体的に指しているのは何であろうか。断とは，必需品ではないものを買わないということであり，捨とは，家の中の不用なものを処分するということであり，離とは，物質に対する欲望と執着から逃れるということである。

2000 年から，やましたひでこは「クラター（clatter，ガラクタ）コンサルタント」の肩書きで「断捨離」理念を推し広める講座を日本各地で開催しており，NHK，東京テレビ，『毎日新聞』，『日本経済新聞』等のメディアが競ってインタビューを報道したことによって，「断捨離」を社会の流行の話題にし，国民的なブームを形成した。

やましたひでこを大いに満足させているのは，少なからぬ人が断捨離を実践してから，家のガラクタが整理されて整然としただけでなく，自身の人生にも非常に大きな変化がもたらされているということである。断捨離は人々が現実のガラクタへの執着から逃れるのに手を貸すだけでなく，同時にまた心の中の

ガラクタもいつの間にかきれいになくし，人々の生活をさらに軽やかで自在にするのである。

　やましたひでこは，「『断捨離』は単に具体的な住居整理術であるだけでなく，さらには『自我を生き抜く』という思考変革でもあり，徹底的な生活革命なのです。」と語っている。

(1) 空欄補充

　　① 真実　　　❷ 其実　　　③ 如実　　　④ 切実

　　　前文を受けて次の文につなぐので，名詞"真実"（真実），副詞"如実"（如実に），"切実"（切実に）を排除します。接続詞として用いることのできる"其実"（実は）を選びます。

(2) 空欄補充

　　① 畅快　　　② 畅行　　　③ 畅通　　　❹ 畅销

　　　書籍の売れ行きが話題となっているので，"畅销"（売れ行きが良い）を選びます。"畅快"は「気持ちが伸びやかである」，"畅行"は「滞りなく通じる」，"畅通"は「スムーズである」という意味です。

(3) 空欄補充

　　❶ 敬畏　　　② 尊敬　　　③ 忠诚　　　④ 佩服

　　　"物品"に対する感情として用いることができる"敬畏"（尊重し同時に畏れ多く感じる）を選びます。"尊敬"（尊敬し重んじる），"忠诚"（誠意を尽くす），"佩服"（敬服する）は，いずれも人に対して用います。

(4) 空欄補充

　　① 凡是　　　② 还是　　　③ 于是　　　❹ 而是

　　　文脈から"不是 A 而是 B"（A ではなく，むしろ B だ）の呼応表現であると判断し，"而是"（むしろ）を選びます。"凡是"は「およそ」，"还是"は「やはり」，"于是"は「そこで」という意味です。

(5) 空欄補充

　　① 舒散　　　② 舒展　　　❸ 舒适　　　④ 舒张

　　　"生活"を修飾し，"自由"との組み合わせとしてふさわしい"舒适"（快

適である）を選びます。“舒散”は「ほぐす，和らげる」，“舒展”は「伸ばす，広げる」，“舒张”は「弛緩する」という意味です。

(6) 空欄補充

① 迷惑　　　❷ 迷恋　　　③ 迷惘　　　④ 迷茫

　「修飾語＋“的”＋被修飾語（名詞）」の「被修飾語」になり，文意に合う“迷恋”（夢中になること）を選びます。“迷惑”は「訳が分からない」，“迷惘”は「途方に暮れる」，“迷茫”は「茫漠としている」という意味です。

(7) 空欄補充

❶ 推广　　　② 推论　　　③ 推及　　　④ 推举

　“理念”を目的語として続けることができる“推广”（推し広める）を選びます。“推及”（行き渡らせる）は，“推及各处”（隅々まで行き渡らせる）のように，通常は場所を表す語が続きます。“推论”（推論する），“推举”（推挙する）は，“理念”を導く動詞としてふさわしくありません。

(8) ピンイン表記

① xīnyù　　② qīnwèi　　❸ xīnwèi　　④ qīnyù

(9) 空欄補充

① 果然　　　❷ 悄然　　　③ 公然　　　④ 当然

　“…间”の形で表現することのできる“悄然”（ひっそりとしている）を選びます。“果然”は「果たして」，“公然”は「公然と」，“当然”は「当然に」という意味です。

(10) 内容一致

①　“断舍离”的概念最早是由寺庙里的僧人们提出来的。
　　（「断捨離」の概念は最初は寺院の僧侶たちによって提示されたものだった。）

❷　“断舍离”的概念刚问世时并没有立刻成为热门话题。
　　（「断捨離」の概念は世に問われてすぐに大きな話題となったわけではない。）

③　山下英子所提倡的家居整理术其实不能适用于所有人。（やましたひでこが提唱する住居整理術は実際にはすべての人には適用されない。）

④　很多人实践了“断舍离”后，生活并没发生大的变化。（多くの人が「断

捨離」を実践したあとも，生活には大きな変化は起こらなかった。)

2  適当な語句を補います。読解力と語句の知識を問います。  (各2点)

解答：(1) ❸  (2) ❷  (3) ❶  (4) ❸  (5) ❹  (6) ❶  (7) ❷  (8) ❸  (9) ❹  ⑽ ❷

(1) 你出门的时候，（ 顺便 ）帮我把这封信寄了吧。

(あなたが出かけるとき，ついでにこの手紙を出してください。)

① 顺应　　　　② 顺利　　　　❸ 顺便　　　　④ 顺风

文意に合うのは副詞 "顺便"（ついでに）です。"顺应" は「順応する」，"顺利" は「順調である」，"顺风" は「追い風」という意味です。

(2) 他做事一向草率，（ 即便 ）这次能勉强过关，以后迟早会出问题的。

(彼はやり方がずっとずさんで，今回はなんとかやり過ごせても，この先遅かれ早かれほころびが出てくる。)

① 无论　　　　❷ 即便　　　　③ 至于　　　　④ 何况

文意に合うのは "即便"（たとえ…でも）です。"无论" は「…であろうと」，"至于" は「…に至っては」，"何况" は「いわんや」という意味です。

(3) 小屋里除了一张桌子和一（ 盏 ）小油灯以外，什么都没有。

(小さな部屋にはテーブルが1つと小さなランプが1つある以外には，何もない。)

❶ 盏　　　　② 座　　　　③ 顶　　　　④ 幢

量詞の問題です。"灯"（明かり）は "盏" で数えます。"座" は山などを，"顶" は帽子を，"幢" は建物を数えます。

(4) 听说昨天前去为他（ 饯行 ）的亲友有三十多个人。

(きのう彼のために送別に行った親戚や友人は30人余りいたという。)

① 履行　　　　② 放行　　　　❸ 饯行　　　　④ 辞行

文意に合うのは "饯行"（送別する）です。"履行" は「履行する」，"放行" は「通過が許可される」，"辞行" は「暇乞いをする」という意味です。

(5) 这种时候我们不应（ 取笑 ）他，而是该鼓励才对。

(このようなときは彼を笑い物にするべきではなく，むしろ激励すべきである。)

① 笑柄　　　② 笑谈　　　③ 玩笑　　　❹ 取笑

　　"他"という目的語を取ることができる"取笑"（笑い者にする）を選びます。名詞"笑柄"（笑いぐさ），"笑谈"（笑いぐさ）は目的語を取ることはできません。"玩笑"（冗談）は「冗談を言う」という動詞の意味もありますが，目的語を取ることができません。

(6) 我真不明白，他为什么会做出这么（ 荒唐 ）的事。
　（わたしには本当に分からない，彼はなぜこんな途方もないことをしたのだろう。）

　❶ 荒唐　　　② 荒凉　　　③ 荒废　　　④ 荒芜

　　"事"（事柄）を形容する語としてふさわしい"荒唐"（考えによりどころがなく，でたらめであること）を選びます。"荒凉"は「人影がなく寂しいさま」，"荒废"は「放ったらかしで荒れたさま」，"荒芜"は「田畑が荒れ果てているさま」を表し，いずれも事柄には用いません。

(7) 这件事（ 多亏 ）你事先提醒大家，让大家少走了很多弯路。
　（この件は，あなたが前もって気付かせてくれたおかげで，皆は多くの回り道をせずに済んだ。）

　　① 到底　　　❷ 多亏　　　③ 竟然　　　④ 偏偏

　　「…のおかげを被る」という意味の動詞"多亏"を選びます。"到底"（ついに，とうとう），"竟然"（意外にも），"偏偏"（あくまでも）はいずれも副詞でこの位置に置くことはできません。

(8) 还有两天就要到截止日期了，从时间上看这次恐怕是（ 来不及 ）了。
　（あと２日で締切日だ，時間的に今回は間に合わないだろう。）

　　① 担不起　　　② 由不得　　　❸ 来不及　　　④ 舍不得

　　可能補語の否定形です。文意にふさわしい"来不及"（間に合わない）を選びます。"担不起"は「請け負いきれない」，"由不得"は「思いどおりにならない」，"舍不得"は「離れ難い」という意味です。

(9) 这个所谓的促销活动其实就是一个（ 不折不扣 ）的骗局。
　（このいわゆる販促活動とは，実はまぎれもないペテンである。）

　　① 一波三折　　　② 扣人心弦　　　③ 百折不挠　　　❹ 不折不扣

　　成語の問題です。文意に合う"不折不扣"（正真正銘の，まぎれもない）

を選びます。"一波三折"（幾多の曲折を経ること），"扣人心弦"（人を興
奮させる），"百折不挠"（どんな困難にもめげない，何度挫折してもくじけ
ない）はいずれも文意に合いません。

⑽ 冠军肯定是他的，（ 除非 ）他根本就不参加比赛。

　（優勝はきっと彼だ，彼が最初から試合に参加しないかぎりは。）

　　① 无非　　　　❷ 除非　　　　③ 是非　　　　④ 莫非

　　　後半は前半で述べていることを実現させるための必要条件を表してい
るので，"除非"（…以外は）を選びます。"无非"は「…にほかならない」，
"是非"は「物事のよしあし」，"莫非"は「…に違いない」という意味
です。

---

[3]　正しく解釈した文を選びます。語句の意味についての知識を問います。（各2点）

　解答：⑴ ❸　⑵ ❹　⑶ ❶　⑷ ❷　⑸ ❹　⑹ ❸　⑺ ❸　⑻ ❹

⑴ 看到他那么<u>气馁</u>，我真不知道该说些什么。

　（彼があんなに落胆するのを見ると，本当に何を言うべきか分からない。）

　　① 指斗志突然高昂起来。（闘志が突然高まってきたことを指す。）

　　② 指态度变得飞扬跋扈。（態度が横暴になったことを指す。）

　　❸ 指失去了信心和勇气。（自信と勇気を失うことを指す。）

　　④ 指找不到明确的目标。（明確な目標を見つけることができないことを指す。）

　　　"气馁"は「自信と勇気を失い落胆するさま」を表します。

⑵ 在别人的<u>怂恿</u>下，他再一次作出了错误的决定。

　（他人の扇動のもと，彼はさらにまた誤った決定を下した。）

　　① 指协助别人去做某件事情。（他人を助けて何かをさせることを指す。）

　　② 指强迫别人去做某件事情。（他人に無理強いして何かをさせることを指す。）

　　③ 指欺骗别人去做某件事情。（他人をだまして何かをさせることを指す。）

　　❹ 指鼓动别人去做某件事情。（他人に呼びかけて何かをさせることを指す。）

　　　"怂恿"は「他人をあおること」を表します。

⑶ 听说他近几年做的最多的事儿就是到处"<u>化缘</u>"。

　（彼がここ何年かで最もよくしたことは，至る所で寄付を募るということだった。）

❶ 比喻向他人募集捐款。（他人に対して寄付を募ることをたとえる。）

② 比喻宣传佛教的理念。（仏教の理念を広めることをたとえる。）

③ 比喻为他人牵线搭桥。（他人のために橋渡しをすることをたとえる。）

④ 比喻为弱者提供帮助。（弱者のために助けを与えることをたとえる。）

　　"化缘"は仏教や道教で僧あるいは道士がお布施を乞うことで，他人に対して寄付を募ることを表します。

(4) 靠这种一锤子买卖的做法怎么能招来回头客呢？（このような後先を考えないでたらめなやり方で，どうして得意客を得ることができるだろうか。）

① 比喻要做某件事情的意志坚定。

（何らかの事をなす意志の固さをたとえる。）

❷ 比喻只做一次，没有长远计划。

（その場限りで，長期の計画がないことをたとえる。）

③ 比喻只做那种肯定赚钱的生意。

（必ずもうかる商売しかしないことをたとえる。）

④ 比喻专做那些坑害别人的买卖。

（いつも他人に損害を与える商売をすることをたとえる。）

　　"一锤子买卖"は高価なのに品物の質が劣っていたり，販売員の態度が悪いなど，顧客が定着しないいい加減な商売を表します。

(5) 现在网上能看到不少这种驴唇不对马嘴的文章。（今はネットでこの種のたくさんのちぐはぐでつじつまの合わない文章を目にする。）

① 比喻道听途说，没有根据。（うわさ話で根拠がないことをたとえる。）

② 比喻文章不通，被人耻笑。

（文章の意味が通らず，人に笑われることをたとえる。）

③ 比喻胡编乱造，蒙骗他人。

（でたらめな話をでっち上げ，他人をだますことをたとえる。）

❹ 比喻文不对题，前后矛盾。

（文章が題に合っておらず，前後に矛盾があることをたとえる。）

　　"驴唇不对马嘴"は物事がかみ合わないことを表します。"牛头不对马嘴"とも言います。

(6) 一想起当年在战场上的经历，她就不寒而栗。

（当時の戦場での経験を思い出すと，彼女は恐ろしさに鳥肌が立つ。）

① 形容非常悔恨。（悔恨の念に駆られることを形容する。）

② 形容十分烦躁。（非常にいらいらしていることを形容する。）

❸ 形容极度恐惧。（極度の恐怖を形容する。）

④ 形容特别自责。（自責の念に駆られることを形容する。）

　　"不寒而栗"は，恐ろしくて身の毛がよだつことを表します。

(7) 既然事情已经这样了，咱们也只好走一步看一步了。

（事がこうなった以上は，わたしたちも様子を見ながら進めるしかない。）

① 比喻经过努力，已经距离目标不远了。

（努力を経て，目標までの道のりがすでに間近になったことをたとえる。）

② 比喻做事情很有计划，从来不走弯路。

（物事をなすのに計画的で，回り道をしたことがないことをたとえる。）

❸ 比喻没有成功的把握，边做边想办法。

（成功の確証がなく，やりながら方法を考えることをたとえる。）

④ 比喻情况有变，不得不重新选择目标。

（情況が変わり，新たに目標を設定せざるを得ないことをたとえる。）

　　"走一步看一步"は，少しずつ様子を見ながら進めることを表します。

(8) 如果没有锲而不舍的精神，就做不好这项工作。

（粘り強く物事に取り組む精神がなければ，この仕事はうまくやりおおせない。）

① 比喻认真负责，不遗余力。

（真面目に責任を負い，余力を残さず努力することをたとえる。）

② 比喻精益求精，一丝不苟。

（念には念を入れ，少しもおろそかにしないことをたとえる。）

③ 比喻任劳任怨，不求名利。（苦労をいとわず恨み言を言われても気にかけず，名利を求めようとしないことをたとえる。）

❹ 比喻持之以恒，坚持不懈。（根気よく続け，頑張りぬくことをたとえる。）

　　"锲而不舍"（彫刻の手を休めない）は，途中で投げ出さず，最後までやり遂げることを表します。

**4** 600字程度の文章を読み，2か所のピンインを漢字に改め，2つの文を日本語に訳します。全体の内容を理解しながら，正しく漢字で書く能力，日本語の翻訳力を問います。　　　((a)(b)各2点，(1)(2)各8点)

喜爱旅行的人很多，旅行的目的也各有不同。有的是为了增加见闻、(a) tuòkuān（拓宽）视野，有的则是单纯的游山玩水。旅行的方式无外乎两种，要么独行天下，要么结伴而行。但是，知己的同伴往往可遇而不可求。(1)即使有幸遇到了，也难免在旅行途中出现或大或小的矛盾，最后乘兴而去，败兴而归，留下遗憾。正因为如此，许多旅行爱好者更钟情于独游。

独游的好处在于无拘无束，可以随心所欲地去你想去的地方，切切实实地领略到不同的风土人情。(2)独游还有一个好处，可以让人从废话连篇、谎话不休的世界中暂时脱离出来，享受难得的片刻安宁。难怪真正的旅行者常要做一个独行侠。

其实独行天下也好，结伴同行也罢，去看看外面的世界(b) zǒngguī（总归）是一件好事。旅行既是空间之变，也是时间之变。一旦踏上旅途，你就无法像往常一样按部就班地起居饮食，因为你的"日常生活"的秩序已经被打乱了。

訳：旅行が好きな人はとても多く，旅行の目的もそれぞれ異なる。見聞を増やし，視野を広めるためという人もいれば，単純に物見遊山をする人もいる。旅行の方法は，一人旅か仲間と一緒かの2つのうちのどちらかである。しかし，気の合う仲間は往々にして巡り会うものであり，求めて得られるものではない。(1)仮に幸運にも見つかったとしても，旅行の中で大なり小なりの矛盾が生じることは免れず，最後には，興に乗って行き，興ざめして帰り，残念な結果になってしまう。まさにこのために，多くの旅行愛好者は一人旅に惹かれるのである。

一人旅の良さは何物にも拘束されないという点にある。心の欲するままに行きたい所に行き，異なる風土と人情に切々と感じ入ることができる。(2)一人旅にはまた，取りとめのないくだらないおしゃべりや延々と続くほら話の世界からしばし逃れ，得難い片ときの安寧に浸らせてくれるという良さがある。本当の旅人が一匹狼であるのも不思議ではない。

事実，一人旅にせよ，仲間連れでも，外の世界を見に行ってみることは良いことである。旅行は空間の変化でもあり，時間の変化でもある。ひとたび旅路につけば，ふだんのように決められたとおりに日常生活を送るわけにはいかない。なぜなら，あなたの「日常生活」の秩序はすでに乱されているのだから。

(a)・(b)，(1)・(2)　上記参照

(1) "即使…也…" は「たとえ…だとしても…」という意味で，最初の
コンマまでと，それ以降とがどのような意味合いでつながるのかを示し
ています。"难免"は「免れ難い」，"乘兴而去，败兴而归"は「興に乗っ
て行き，興ざめして帰る」という意味です。

　　(2) "废话连篇"は「取りとめのないくだらないおしゃべり」，"谎话不
休"は「延々と続くほら話」です。

[5]　100字程度の日本語の文章2題を中国語に訳し，指定された3つの語句を
使用して1つの事柄について作文します。会話，手紙，論説などの少しまとまっ
た長さの文章を組み立てる能力を問います。　　　　　　　　　（各8点）

(1) 世論調査によれば，屋外でのマスクの着用について尋ねたところ，「着けな
くてもよい」が55％で，「着けるべきだ」の42％を上回った。現状では，
屋外でもマスク姿の人が大半だが，条件によっては着けなくても許される
と考えている人が多いようだ。
　　民调显示，当被问及户外有无必要戴口罩时，认为"可以不戴"的人为
55％，认为"应该戴"的人为42％，低于前者。现在的情况是，大部分
人在室外也戴着口罩，但很多人认为如果条件允许，可以不戴。

　　「世論調査」は"民意调查"，略して"民调"がよく用いられます。「…
と尋ねたところ」は，日本語では受け身ではありませんが，中国語では
尋ねられた方を主体にするのが自然で，"被问及户外有无必要戴口罩时"
のように，受け身の言い方にします。「…が…を上回った」は，"认为'可
以不戴'的人为55％，认为'应该戴'的人为42％"の後に"低于前者"
を加えるとよいでしょう。「…人が多い」は，"人"を主語にした形にし
ます。

(2) 沖縄のことわざには，「青い海の先に島々は見えるのに，自分のまつげは見
えない」というのがある。なかなか奥深い言い回しだ。わたしたちは，他
人のことははっきり見えるが，身近なことはかえって見落としがちである。
　　冲绳有句谚语说的是：能看见蓝色大海上远处的岛屿，却看不到自己的
睫毛。这句话很富有哲理。我们常常有这种情况，别人的事情看得清楚，
而自己周围的事反倒容易忽视。

　　「青い海の先に島々は見えるのに，自分のまつげは見えない」は，同
様の意味を持つ中国語のことわざに置き換えずにこのとおりに翻訳する

とよいでしょう。「奥深い（言い回し）」は"富有哲理",ほかに"很含蓄""寓意丰富"なども使えます。「かえって」は"反倒""却",「…しがち」は"容易…",「見落とす」は"忽视"です。

(3)「公共交通」について　"提供""安全""利用"を使用

（作文例）现在人们<u>利用</u>飞机、高铁等公共交通工具出差、旅行已经成为常态。而公共交通的运营部门，在重视经济效益的同时，也必须考虑如何为利用者<u>提供</u>更加便捷，更加<u>安全</u>的服务。

（現在人々が飛行機や高速鉄道等の公共交通機関を利用して出張したり旅行したりすることは常態化している。いっぽう，公共交通の運営部門は，経済効率を重視すると同時に，利用者により便利でより安全なサービスをいかに提供するかを考慮する必要がある。）

# 1級第110回
## (2023年11月)

**問 題**

**解答と解説**

リスニング （⇨解答と解説108頁）

03 **1** 中国語を聞き，⑴〜⑽の問いの答えとして最も適当なものを，①〜④の中から1
つ選びなさい。
(50点)

04
12

05
13

06
14

07 ⑴
15 　　①　　　　　　②　　　　　　③　　　　　　④

08 ⑵
16 　　①　　　　　　②　　　　　　③　　　　　　④

09 ⑶
17 　　①　　　　　　②　　　　　　③　　　　　　④

10 ⑷
18 　　①　　　　　　②　　　　　　③　　　　　　④

11 ⑸
19 　　①　　　　　　②　　　　　　③　　　　　　④

23　(6)
31　　①　　　　　　②　　　　　　③　　　　　　④

24　(7)
32　　①　　　　　　②　　　　　　③　　　　　　④

25　(8)
33　　①　　　　　　②　　　　　　③　　　　　　④

26　(9)
34　　①　　　　　　②　　　　　　③　　　　　　④

27　(10)
35　　①　　　　　　②　　　　　　③　　　　　　④

36 **2** 中国語を聞き，その中から指定された5か所を漢字で書き取りなさい。 （50点）

37
45
50

38
46
51

39
47
52

40
41
42
43
44
45
46
47
48
49

1　次の文章を読み，⑴～⑽の問いの答えとして最も適当なものを，①～④の中から
１つ選びなさい。 (20点)

　　随着时间的流逝，无论谁都难免会对某种事物失去新鲜感，哪怕是对自己眼
中曾经十分美好的事物，产生审美疲劳也是　(1)　的。人一旦对某种事物产生
疲劳感，就会渐渐漠视其使用价值之外的美感，相信很多人都曾有过类似的感受。
譬如刚搬入新居时，你一定会让你的新家整天　(2)　，一尘不染。但用不了几年，
它也许就四壁伤痕累累，桌上　(3)　了。房间的脏乱程度甚至不亚于你大学时
代的学生宿舍。之所以会这样，是因为你早已习惯了，也早已忘记了乔迁新居时
的那种美好。刚买新车时，你必定会像对待娇嫩的新生儿一般处处小心，百般
　(4)　。然而过不了多久，你的车大概就会划痕遍布，　(5)　满身了。同样是
因为你早已习惯，早已忘记心仪香车时的那种激动了。

　　"习惯了"和"熟悉了"是一种可怕的力量，它会令我们在"初见"时产生
的美好感觉慢慢消退乃至消失(6)殆尽。其实，生活中的美无处不在，只要我们平
时稍加留意，付出举手之劳，就能发现并享受各种美好。但许多时候我们之所以
会感到生活中充斥着　(7)　与无聊，是因为我们渐渐失去了新鲜感，习惯于接
受并不那么美好的现状，或者说我们已经失去了曾经拥有的那双随时随地发现美
的眼睛。这实在是一件令人遗憾的事情。

　　现在我们经常会听到一个词——仪式感。所谓仪式感，就是在日常生活中，
适当地创造一些特殊的气氛，做出一些不太"日常"的事儿，使自己的生活不再
那么　(8)　。千篇一律的日常生活很容易让人陷入疲劳甚至麻木状态，而仪式
感正是战胜疲劳感的利器。仪式感是对平常日子的升华，更是对生活本身的升华。
它能让生活不再一成不变，它会告诉你生活不应该是"当一天和尚，　(9)　"。
仪式感对我们保持对生活的热爱，保持对美好的向往，有着不可忽视的作用。重
视仪式感或许是让我们对人对物始终保持"初心"的最有效的方法。

(1) 空欄(1)を埋めるのに適当なものはどれか。

    ① 不足为虑    ② 不足为凭    ③ 不足为训    ④ 不足为怪

(2) 空欄(2)を埋めるのに適当なものはどれか。

    ① 弃暗投明    ② 窗明几净    ③ 光明磊落    ④ 明镜高悬

(3) 空欄(3)を埋めるのに適当なものはどれか。

    ① 杯盘狼藉    ② 狼烟四起    ③ 如狼似虎    ④ 狼狈不堪

(4) 空欄(4)を埋めるのに適当なものはどれか。

    ① 掩护    ② 呵护    ③ 祖护    ④ 庇护

(5) 空欄(5)を埋めるのに**適当でないもの**はどれか。

    ① 污迹    ② 污垢    ③ 污渍    ④ 污蔑

(6) 下線部(6)の正しいピンイン表記はどれか。

    ① yìjìn    ② dàijǐn    ③ yìjǐn    ④ dàijìn

(7) 空欄(7)を埋めるのに適当なものはどれか。

    ① 乏味    ② 乏力    ③ 匮乏    ④ 困乏

(8) 空欄(8)を埋めるのに適当なものはどれか。

    ① 平易近人    ② 平淡无奇    ③ 平心而论    ④ 平白无故

(9) 空欄(9)を埋めるのに適当なものはどれか。

    ① 念一通经    ② 烧一炷香    ③ 撞一天钟    ④ 挑一担水

⑽ 本文の内容と**一致しないもの**はどれか。

    ① 再美的东西也会有看够的时候。

    ② 找到美好的东西其实并不太难。

    ③ 喜新厌旧是多数人普遍的心态。

    ④ 初见的人或物一定都是美好的。

**2** (1)～(10)の中国語の空欄を埋めるのに最も適当なものを，①～④の中から１つ選び
なさい。 (20点)

(1) 跟真正的大家比起来，我的作品不过是（　　　）而已。
　　① 老鸦　　　　　② 麻雀　　　　　③ 涂鸦　　　　　④ 云雀

(2) 有关部门的一再（　　　），使事情发展到了今天的地步。
　　① 推拿　　　　　② 推诿　　　　　③ 推辞　　　　　④ 推搡

(3) 谁也没想到事情的结果会是这样，实在令人（　　　）。
　　① 嘟囔　　　　　② 唠叨　　　　　③ 啰唆　　　　　④ 唏嘘

(4) 遇到事情了应当勇于承担责任，不能总是（　　　）。
　　① 背锅　　　　　② 砸锅　　　　　③ 甩锅　　　　　④ 炸锅

(5) 在完成这项任务的过程中，我们遇到了不少（　　　）。
　　① 拦路虎　　　　② 落汤鸡　　　　③ 丧家犬　　　　④ 中山狼

(6) 那件事在我这儿早就（　　　）了，你也别再提了。
　　① 翻篇儿　　　　② 翻跟头　　　　③ 翻旧账　　　　④ 翻白眼

(7) 因为这次活动要个人（　　　），所以参加的人不太多。
　　① 结对子　　　　② 掏腰包　　　　③ 打圆场　　　　④ 捅娄子

(8) 跟他打交道很困难，因为他总是（　　　）。
　　① 海水不可斗量　　　　　　② 不可同日而语
　　③ 百思不得其解　　　　　　④ 不按套路出牌

(9) 两年前还非常抢手的商品，今天已经（　　　）了。
　　① 无懈可击　　　　② 无地自容　　　　③ 无独有偶　　　　④ 无人问津

(10) 他们曾经是亲密无间的好朋友，现在却（　　　）了。
　　① 穷途末路　　　　② 视同陌路　　　　③ 走投无路　　　　④ 轻车熟路

3 ⑴～⑻の中国語の下線部の説明として最も適当なものを，①～④の中から 1 つ選びなさい。 (16点)

⑴ 凭着一手绝活儿，几十年来他在行业中始终独占鳌头。
　　① 没有人能够掌握的技能。
　　② 早已经不存在了的技能。
　　③ 一般人所不具备的技能。
　　④ 只在传说中有过的技能。

⑵ 不知为什么一直穷困潦倒的他突然间飞黄腾达了。
　　① 指官职地位上升得很快。
　　② 指前进的速度迅速提高。
　　③ 指收到意想不到的效果。
　　④ 指从束缚中获得了自由。

⑶ 这个赛季红队取得冠军是板上钉钉的事儿了。
　　① 比喻轻而易举地达到目的。
　　② 比喻根本无法达成的目标。
　　③ 比喻基本实现了某个目标。
　　④ 比喻迫切希望达到的目的。

⑷ 你们两个人是半斤八两，谁也别瞧不起谁。
　　① 比喻情况不好判断。
　　② 比喻情况相差很多。
　　③ 比喻情况完全相反。
　　④ 比喻情况大致相同。

⑸ 他从一开始就抱着<u>得过且过</u>的态度对待自己的工作。

　　① 指积极进取，不怕困难。

　　② 指敷衍了事，不负责任。

　　③ 指兢兢业业，不知疲倦。

　　④ 指勤勤恳恳，不计报酬。

⑹ 看到眼前这种情景，周围的人都为他<u>捏了一把汗</u>。

　　① 比喻因担心而感到紧张。

　　② 比喻因新奇而感到兴奋。

　　③ 比喻因陌生而感到恐惧。

　　④ 比喻因无助而感到绝望。

⑺ 你觉得一个领导总是说这样<u>模棱两可</u>的话合适吗？

　　① 形容两种完全不相同的意见。

　　② 形容没有明确的态度或意见。

　　③ 形容不允许存在第三种意见。

　　④ 形容其他人无法反驳的意见。

⑻ 一向<u>恃才傲物</u>的李林终于在这件事上栽了个大跟头。

　　① 指虽然很有钱但生活非常朴素。

　　② 指由于自己有钱而不懂得珍惜。

　　③ 指刚有一点儿进步就骄傲起来。

　　④ 指依仗自己有才能而蔑视他人。

次の文章を読み，下線部(1)・(2)を日本語に訳しなさい。 （20点）

　以往一个新词或新句式出现后，往往需要很长时间才能得到公众的广泛认可，短则几个月，长则几年。而在当下则不然，流行语大多是通过网络传播开来的，可能在几天之内就完成了扩散、被认可、受热捧的过程。与此同时，源自某个词语的新结构和新用法也随之产生，甚至"喧宾夺主"地成为人们的"新宠"。但是不得不说，流行词语也普遍面临着一个问题，那就是"其兴也勃焉，其亡也忽焉"。(1)有不少十分火爆的流行语，在各领风骚一段时间后，很快就会被大浪淘沙，只有极少数得以存留。这可能就是大多数流行语的宿命吧。

　(2)网络流行语的一大特点就是随意的、轻松的、诙谐的，甚至戏谑的。因此在正式、庄重的场合就不宜使用。"流行语"，顾名思义就是当下正在流行的词语，要想使用就应当"趁热打铁"。使用过时已久的"流行语"往往会适得其反，让自己所要表达的意思大打折扣，同时还会给听者留下"落伍者"的不良印象。在适当的语境中，选用适当的流行语才能收到事半功倍的效果。

**5** (1)・(2)の日本語を中国語に訳しなさい。また，(3)の指示に従って中国語で文章を書きなさい。 (24点)

(1) 世の中には「働きたい会社」「年収が高い会社」「ホワイト企業」「国際化が進んでいる企業」などさまざまな企業ランキングが存在するが，ある従業員の意識調査機関が毎年発表している「働きがいのある会社ランキング」の最大の特徴は，世界約100か国で共通している評価基準を用いている点だ。

(2) ある留学生は，「日本は来る前のイメージとはまったく逆だった。接する人たちはみな優しく，施設内は驚くほど清潔だった。介護福祉士としてのきめ細かなサービスのほかにも，外食に行ったら店の人が片づけやすいように食器を重ねて帰るといった母国では教わらなかったマナーを知った」と感想を述べた。

(3) 「友達」について，次の5つの語句の中から3つ以上を使用して90字以上120字以内で書きなさい。

（使用した語句には下線を引くこと。）

"信任" "帮助" "理解" "关心" "鼓励"

※句読点も1字と数えます。文頭を2マス空ける必要はありません。

# リスニング （⇨問題98頁）

**1** 600字程度の2つの文章を聞き，内容についての問い5問ずつに答えます。
ポイントとなる内容を聞き取り,全体の趣旨をつかむ能力を問います。(各5点)

解答：(1) ❸　(2) ❷　(3) ❶　(4) ❹　(5) ❷　(6) ❹　(7) ❸　(8) ❸　(9) ❶　(10) ❸

(1)～(5)の中国語

04　说起食物浪费我们一般首先会联想到餐桌，其实不然。

有些供应商对农产品挑选标准非常严格，所以很多蔬菜、水果刚刚收获就直接进了垃圾箱。超市、餐厅为了保证食品足够新鲜，也会在每天关门之前扔掉没卖完的食品。

05　据2019年的统计，仅欧盟国家每年就有约500万吨的食物浪费在批发或零售环节，损失超过130亿欧元。近年来在世界范围内，为了减少浪费，食用快要到期的食品成为一种时尚。2015年法国颁布法令，禁止超市丢弃没有过期的食物；店铺面积超过400平方米的超市应与慈善机构签订协议，以捐赠的形式解决食物浪费问题。一旦发现超市丢弃可捐赠食物，将处以约4000美元的罚款。这项规定并非强制的，但大多数商家都乐意接受，因为这样不但可以减少处理垃圾的工作量，还能获得一定的税收优惠。

06　在环保主义盛行的欧洲，"食物银行"受到了民众的欢迎。"食物银行"所做的就是从各地募集食物，然后派送给有需要的人群。中国也开始了这方面的尝试。中国首家食物银行的负责人说，他们目前接受的捐赠主要来自食品生产商，他们将生产过剩或仓库积压的食物捐出来，其中一部分是临近保质期或卖相上稍有瑕疵的食物。也有一些企业在与食物银行合作时，只捐赠新鲜食物而不是临期食品。他们之所以这样做，是担心用临期食物做公益会影响企业的名声。

作为一个普通的消费者，我们能做到的就是尽量按照实际需求购买食物，避免盲目囤积。有人曾半开玩笑地说：不要在饥饿的时候去超市，因为你会觉得眼前的所有食品都是你急需购买的，于是你就失控了。

訳：フードロスといえば，我々はまず食卓を一般的に連想するが，実際はそうではない。

108

一部のサプライヤー（供給業者）は農作物に対する選別基準を厳しくしているため，多くの野菜や果物が収穫したばかりなのにゴミ箱に直接放り込まれている。スーパーやレストランは食品が十分に新鮮であることを保証するために，多くはその日の閉店のときに売れ残った食品を捨てている。

　2019 年の統計によると，EU の加盟国だけでも卸売りや小売りの段階で毎年約 500 万トンのフードロスが発生しており，その損失は 130 億ユーロを超える。近年，無駄を減らすことと，消費期限が近い食品を食べることが世界的に一つのブームとなっている。2015 年にフランスでは法律を公布し，スーパーが期限切れでない食品を廃棄処理することを禁止し，店舗面積が 400 平方メートルを超えるスーパーに慈善団体と協定を結ぶことを義務づけ，寄贈という形でフードロスの問題を解決することとなった。スーパーが寄贈可能な食物を廃棄したことがひとたび発覚すれば，約 4,000 ドルの罰金が科せられることになる。この決まりは強制ではないにもかかわらず，ほとんどの商店が喜んでそれを受け入れたのは，このようにすればゴミを処理するための作業量を減らせるだけでなく，一定の税制上の優遇措置が受けられるからである。

　環境保護主義が盛んなヨーロッパでは，「フードバンク」が人々から歓迎されている。フードバンクが行うのは各地から食料を募集し，それらを必要とする人々に送り届けることである。中国もこのような試みを開始している。中国における最初のフードバンクの責任者が言うには，現在彼らが受け入れている寄贈は主に食品生産業者からのものだが，彼らは生産過剰となった，あるいは過剰在庫となった食料を寄付しているが，そのなかの一部は保存期限切れ近くか，見かけに瑕疵がある（ワケあり）食料である。ある企業がフードバンクと提携した際，期限が近い食品ではなく，新鮮な食品のみを寄贈していた。彼らがそのようにしていた理由は，期限が近い食料で公益を行うことが企業の名声に悪影響を与えることを懸念したからである。

　普通の消費者の一人として我々ができることは，なるべく実際の必要性に基づいて食料を購入することであり，盲目的な備蓄を避けることである。ある人は半分冗談交じりに言う。空腹時にスーパーに行くことはやめなさい。なぜならあなたは目の前のあらゆる食品を差し迫って買う必要があると感じてしまうからで，そうなったらあなたは自らを制御できなくなってしまうからである。

07 ⑴ 問：造成食品浪费的主要原因有哪些？
　　　　（フードロスになる主な原因にはどのようなものがあるか。）
　　答：① 主要是饥饿状态下购物造成的。
　　　　　（主に空腹状態での買い物が引き起こすものである。）

② 主要是由食品保存不当造成的。

（主に食品の保存の不適当さによって引き起こされる。）

❸ 挑选标准和食用期限过于严苛。（選別基準と消費期限が厳しすぎる。）

④ 多数食品的贩卖价格过于低廉。（多くの食品の販売価格が安すぎる。）

08 (2) 问：中国的一些企业与食物银行合作时担心什么？

（中国の一部の企業はフードバンクと提携する際に何を懸念していたのか。）

答：① 消费者盲目大量囤积各种食物。

（消費者が盲目的に各種の食料をため込むこと。）

❷ 捐赠临期食物会影响企业形象。（消費期限が近い食料を寄贈することが企業イメージに悪影響を与える可能性があること。）

③ 不能获得政府税收方面的优惠。

（政府の税制面での優遇措置を得られないこと。）

④ 食品生产商不提供新鲜的食物。

（食品生産会社が新鮮な食料を提供しないこと。）

09 (3) 问：2015 年以后法国是怎样解决食品浪费问题的？

（2015 年以降フランスはフードロスの問題をどのように解決したのか。）

答：❶ 以捐赠过剩食物的形式解决浪费问题。

（余った食料を寄贈する形でフードロスの問題を解決した。）

② 建议消费者按照实际需求来购买食物。

（消費者に実際の需要に基づいて食料を購入することを提案した。）

③ 鼓励商家尽量减少垃圾处理的工作量。

（商店になるべくゴミ処理の作業量を減らすよう奨励した。）

④ 将超市的面积控制在 400 平方米之内。

（スーパーの面積を 400 平方メートル以内に制限した。）

10 (4) 问：食物银行所做的工作是什么？（フードバンクが行っている仕事は何か。）

答：① 收购有瑕疵的食品后低价出售给超市。

（ワケありの食品を購入したのち低価格でスーパーに販売すること。）

② 为生产厂商提供存放食品所需的仓库。

（生産業者のために食品を保存するのに必要な倉庫を提供すること。）

③ 为生产过剩的厂商提供税收上的优惠。

（生産過剰な業者のために税制上の優遇措置を与えること。）

❹ 将募集来的食品分发给有需要的人群。

（募集によって集まった食品を必要な人々に分け与えること。）

(5) 問：与本文内容相符的是以下哪一项？

（本文の内容と一致するものは，次のどれか。）

答：① 饥饿往往是导致人们言行失控的主因。

（空腹は往々にして人々の言動を狂わせる主な要因である。）

❷ 食品浪费是不少国家普遍存在的现象。

（フードロスは多くの国家において普遍的に存在する現象である。）

③ 捐赠临期食品不符合食物银行的初衷。

（期限間際の食品を寄贈することはフードバンクの初心とは合わない。）

④ 吃卖相不好的食物正在成为一种时尚。

（見かけの悪い食品を食べるのは一種のブームになりつつある。）

(6)～(10)の中国語

日本有一位传奇老人，叫笹本恒子。

笹本恒子出生于 1914 年，那时日本的女孩子大多是从学校一毕业就嫁为人妇，相夫教子。而笹本恒子却选择了一条与众不同的路。她的理想是成为画家、记者或小说家。美术学校毕业后，她进了东京日日新闻社，负责社会版的绘画。一个偶然的机会，天生喜欢尝试新鲜事物的笹本恒子拿起了照相机。她以摄影记者的身份，把日本社会的方方面面定格在胶片上。

在那个时代，女性想要在职场争得一席之地，绝非易事，但笹本从未动摇过。正是她的坚持，为我们留下了无比珍贵的影像资料。笹本恒子不仅是日本最早的女性摄影记者，而且以其坚韧的意志和杰出的水准赢得了同行的广泛认可与尊重。她用相机见证了日本近一个世纪的历史风云，她的作品真实呈现了太平洋战争、东京奥运会、经济腾飞等历史瞬间。2016 年，笹本恒子以 102 岁的高龄，获得了被誉为摄影界奥斯卡奖的"露西奖"。

笹本恒子还在年过半百时开始了服装剪裁与设计。她自己设计和裁剪的服装，虽然不是华冠丽服，却优雅得体。100 岁时，她还获得了"日本最佳着装奖"，创造了史上最年长获奖者的记录。

1985 年，笹本恒子的第二任丈夫去世后，71 岁的她再次拿起相机，重新开始采访和摄影。2000 年，86 岁的笹本在法国旅行时邂逅一位法国艺术家，

両人开始了长达十年的恋爱，直到对方不幸离世。

　　笹本恒子说过：我很忙，忙得没功夫去死。如果你总是想自己已经老了，干不了什么了，那你的生命就算终结了。年龄的增长并不可怕，可怕的是没有重新开始的勇气和行动。

訳：日本には笹本恒子さんという，レジェンド級の老人がいる。

　笹本恒子さんは1914年に生まれたが，そのときは日本の女子の大多数は学校を卒業するとすぐに嫁いで妻となり，夫を助けながら子供を教育していた。しかし笹本恒子さんは多くの人とは異なる道を選んだ。彼女の理想は画家，記者，あるいは小説家になることであった。美術学校を卒業後，彼女は東京日日新聞社に入り，社会面のイラストの担当者となった。ある偶然の機会で，生来新しいものを試すことが好きだった笹本さんはカメラを手にすることになった。彼女は報道写真家の身分で，日本社会のさまざまな場面をフィルムに収めるようになった。

　その時代は女性が職場で一つのポストを勝ち取ることは，決してたやすいことではなかったが，笹本さんは決して動揺しなかった。まさに彼女の頑張りは，我々に極めて貴重な映像資料を残してくれている。笹本さんは日本で最初の女性報道写真家であるだけでなく，その強靱（きょうじん）な意志と傑出した能力で同業者の評価と尊敬を勝ち得た方である。彼女はカメラで日本の1世紀近い歴史の激動を証言してきたのであり，彼女の作品は太平洋戦争，東京オリンピック，高度経済成長などの歴史的瞬間を客観的に映し出してきた。2016年，笹本さんは102歳という高齢でカメラ界のオスカーと褒め称えられる「ルーシー賞」を獲得した。

　笹本さんはさらに50歳を過ぎたときに洋裁とデザインを始めた。彼女が自分でデザインして縫製した洋服は，派手ではないがエレガントなものであった。100歳のときに，彼女は日本の「日本ベストドレッサー賞」を獲得し，史上最年長の受賞者の記録を打ち立てた。

　1985年，笹本さんの2番目の夫が他界したのち，71歳の彼女は再びカメラを手にして，新たに取材と撮影を始めた。2000年，86歳の笹本さんはフランスに旅行した際に一人のフランス人芸術家と出会い，二人は恋に落ちた。二人の恋愛は，相手がこの世を去るまで10年間続いた。

　笹本さんは言う。わたしは忙しくて死ぬ暇もないほどです。もしあなたがいつも自分がすでに年老いてしまい，何もできないと思い込んでしまったら，あなたの命はもう終わったことになります。年を取ることは決して怖いことではなく，怖いことは何かを新たに始める勇気や行動力がなくなってしまうことなのです。

23 (6) 問：笹本恒子出生时的日本社会有什么特点？

（笹本恒子が生まれたときの日本社会はどのような特徴があったか。）

答：① 女孩子不能像男人一样进入职场。

（女性は男性と同じように職場に入ることができなかった。）

② 女孩子毕业后有多种不同的选择。

（女性には卒業後にいろいろな選択肢があった。）

③ 一般女性接受教育的机会非常少。

（一般女性が受けられる教育の機会が非常に少なかった。）

❹ 多数女孩子走出校门就步入婚姻。

（多くの女性が卒業をしたらすぐに結婚生活に入った。）

24 (7) 問：笹本恒子最初的理想是什么？（笹本恒子さんの最初の理想は何だったか。）

答：① 当一名小说家或服装设计师。

（小説家か洋服のデザイナーになること。）

② 当一名画家、记者或摄影师。

（画家や記者，あるいは写真家になること。）

❸ 当一名画家、记者或小说家。

（画家や記者，あるいは小説家になること。）

④ 当一名摄影师或服装设计师。

（写真家か洋服のデザイナーになること。）

25 (8) 問：笹本恒子对日本社会最大的贡献是什么？

（笹本恒子さんの日本社会に対する最大の貢献は何か。）

答：① 她开创的服装设计和剪裁新流派享誉全球。（彼女が切り開いた洋服
のデザインと洋裁の新しいモードが世界的な栄誉に浴したこと。）

② 她在百岁高龄时为日本争得了莫大的荣誉。

（100歳という高齢で日本のためにこの上ない栄誉を勝ち取ったこと。）

❸ 她用胶片记录了日本的许多重大历史事件。

（彼女がフィルムで日本の多くの歴史的重大事件を記録したこと。）

④ 她在各领域的成就直接提高了妇女的地位。

（彼女の各領域での成果が直接的に女性の地位を向上させたこと。）

26 (9) 問：年过八旬后笹本恒子做了件什么事？

（80歳を過ぎてから笹本恒子さんは何をしたのか。）

答：**❶** 跟法国艺术家谈起了恋爱。（フランスの芸術家と恋愛をし始めた。）

② 重新开始了摄影采访工作。（新たに撮影と取材の仕事を始めた。）

③ 举办日本最佳服装大奖赛。（日本ベスト・ドレッサー賞を立ち上げた。）

④ 举办职业生涯纪念摄影展。（キャリア人生記念撮影展を開催した。）

27 ⑽ 問：与本文内容不相符的是以下哪一项？

（本文の内容と一致しないものは，次のどれか。）

答：① 笹本恒子是一个不肯服老的杰出典范。

（笹本恒子さんは老いに屈しない傑出した模範である。）

② 20 世纪初期，日本的职业女性非常少。

（20 世紀初期，日本のキャリア女性はとても少なかった。）

**❸** 笹本恒子转行的时候已经快五十岁了。

（笹本恒子さんが転職したときにはもうすぐ 50 歳になろうとしていた。）

④ 笹本恒子的职业生涯不是一帆风顺的。

（笹本恒子さんのキャリア人生は順風満帆ではなかった。）

---

2 600 字程度の文章を聞いたあと，指定された 5 か所の文を漢字で書き取ります。全体の内容を理解しながら，正しく漢字で書く能力を問います。（各 10 点）

37 (1)想必不少人都曾有过因为谨小慎微、瞻前顾后而导致不知所措，最终不得不放弃行动的经历。遇事不假思索、说干就干的人应该是少数。"凡事要三思而后行"是一句尽人皆知的名言，告诉我们思考的重要性。但，问题是思考要有一个限度。

38 (2)爱思考本来不是一件坏事，但是过度的思考常常会事与愿违地成为行动的绊脚石。有一个大学生面临一大堆思考，并因此而陷入迷茫。当他向老师求助时，老师只说了一句话："你就是想得太多，做得太少。"

做事情要有计划不错，(3)但谨慎是一把双刃剑，运用得当，它就是你走向成功的助力；否则它就会变成阻力。其实，有些事情并不需要多么缜密的思考和斟酌，根据以往的经验和常识做出适当的判断，一般不会太离谱。

39 日常生活中，除了升学、择业、婚姻、育儿等"大事"以外，又有什么让你优柔寡断的事情呢？(4)任何事情付诸行动只是个开始，决定你能否成功的因素存在于具体行动的每一个细节之中。借助思考随时调整方向，灵活变通、随机应变才是关键。

有人说，(5)世界上有些事，你在原来的位置上是看不清楚的，所以你必

114

須要先迈开步子走出去。即使走错路，只要不是致命的，至少也可以收获一份教训。况且，要想解决问题，首先得让问题暴露出来，而不是永远停留在设想阶段。

訳：(1)びくびくおびえて，あれこれ考えてしまってどうしてよいか分からないことになり，最終的に行動に移せなかった経験のある人は，さぞかし少なからずいるであろう。事が起きて即座に，やると言ったらやると言う人は少数である。"凡事要三思而后行"（何事もよく考えてから行う）というのは，誰もが知る名言であるが，これは我々に思考の重要性を教えてくれる。しかし，思考には限度があるべきだ。

(2)よく思考することは本来なら悪いことではないが，度を過ぎた思考は常に思いどおりにならず，行動の足かせになる。ある大学生が学業で困難にぶつかり，行き詰まりの状態に陥ってしまった。彼が先生に助けを求めたとき，先生は一言，「君はたくさん考えてはいるが，やっていることはあまりに少ない。」と言っただけであった。

何かをやるには計画が必要だが，(3)しかし慎重さは諸刃の剣であり，適切に活用すれば，成功へと向かう助力になるが，そうでなければ障害に変わってしまうかもしれない。実際にある種の事柄はそれほど緻密な思考と検討を決して必要とはせず，それまでの経験と常識から妥当な判断をすれば，一般にあまり常軌を逸することはない。

日常生活において，進学，職業選択，結婚，育児などの「ビッグイベント」以外に，あなたを優柔不断にさせるに何があるだろうか。(4)どんな事も行動に移すことは始まりにすぎず，あなたが成功するか否かを決める要素は具体的な行動のそれぞれの細部に存在する。思考の力を借りてそのつど方向を調整し，融通無碍にかつ臨機応変にすることが鍵である。

ある人は言う。(5)世界のある事柄については，あなたが元の位置にとどまっていてははっきりと見えないことがある，だからあなたはまず大きく踏み出さなければならないのです。万が一，誤った道に進んでも，致命的なものでさえなければ，少なくとも一つの教訓を得ることができる。ましてや，問題を解決したければ，まず問題を明るみに出し，永遠に想像の段階にとどまらせないようにしなくてはならない。

1　900字程度の文章を読み，流れをつかんで適当な語句を補う8問，正しいピンインを選ぶ1問，内容の理解を問う1問に答えます。語句の知識と読解力を問います。

(各2点)

解答：(1) ❹　(2) ❷　(3) ❶　(4) ❷　(5) ❹　(6) ❹　(7) ❶　(8) ❷　(9) ❸　(10) ❹

　　随着时间的流逝，无论谁都难免会对某种事物失去新鲜感，哪怕是对自己眼中曾经十分美好的事物，产生审美疲劳也是 (1)不足为怪 的。人一旦对某种事物产生疲劳感，就会渐渐漠视其使用价值之外的美感，相信很多人都曾有过类似的感受。譬如刚搬入新居时，你一定会让你的新家整天 (2)窗明几净 ，一尘不染。但用不了几年，它也许就四壁伤痕累累，桌上 (3)杯盘狼藉 了。房间的脏乱程度甚至不亚于你大学时代的学生宿舍。之所以会这样，是因为你早已习惯了，也早已忘记了乔迁新居时的那种美好。刚买新车时，你必定会像对待娇嫩的新生儿一般处处小心，百般 (4)呵护 。然而过不了多久，你的车大概就会划痕遍布，(5)污迹／污垢／污渍 满身了。同样是因为你早已习惯，早已忘记心仪香车时的那种激动了。

　　"习惯了"和"熟悉了"是一种可怕的力量，它会令我们在"初见"时产生的美好感觉慢慢消退乃至消失(6)殆尽 dàijìn。其实，生活中的美无处不在，只要我们平时稍加留意，付出举手之劳，就能发现并享受各种美好。但许多时候我们之所以会感到生活中充斥着 (7)乏味 与无聊，是因为我们渐渐失去了新鲜感，习惯于接受并不那么美好的现状，或者说我们已经失去了曾经拥有的那双随时随地发现美的眼睛。这实在是一件令人遗憾的事情。

　　现在我们经常会听到一个词——仪式感。所谓仪式感，就是在日常生活中，适当地创造一些特殊的气氛，做出一些不太"日常"的事儿，使自己的生活不再那么 (8)平淡无奇 。千篇一律的日常生活很容易让人陷入疲劳甚至麻木状态，而仪式感正是战胜疲劳感的利器。仪式感是对平常日子的升华，更是对生活本身的升华。它能让生活不再一成不变，它会告诉你生活不应该是"当一天和尚，(9)撞一天钟 "。仪式感对我们保持对生活的热爱，保持对美好的向往，有着不可忽视的作用。重视仪式感或许是让我们对人对物始终保持"初心"最有效的方法。

訳：時の流れにつれて，誰もがみなある種の事柄に対して新鮮な感覚を失うことから逃れられない。たとえそれが自分の目の中でかつては十分すてきなものであっても，美を見分けるのに疲れを感じることはおかしなことではない。人はいったん何かに疲れを感じたなら，次第にその使用価値の外にある美的感覚を軽視するようになり，多くの人もかつては似た感覚を抱いたはずだと信じるようになる。例えばあなたが新しい家に引っ越したばかりの頃なら，あなたの新居を一日中清潔で明るい状態にして，ちり一つ落ちていないようにするに違いない。しかし何年もたたないうちに，その家は至る所傷だらけになり，机の上は散らかり放題となるだろう。部屋の乱雑さはひどいときにはあなたの大学時代の学生宿舎に劣らないほどになる。こうなる理由はあなたがとっくに慣れてしまい，それに新居に越したときのすばらしさもとっくに忘れてしまっているからでもある。新車を購入したばかりのとき，あなたは必ずきゃしゃな新生児を扱うようにあちこち気を配り，あらゆることを大事にするだろう。しかし，それほどたたないうちに，あなたの車はたぶんあちこちひっかき傷ができて，シミだらけになる。同様にあなたはとっくに慣れてしまい，最初に心から新車を気に入っていたときの感動を忘れてしまったからである。

「慣れること」と「よく知ること」には恐るべき力があり，それらは我々に人や物を「初見」したときに生まれるすばらしい感覚を徐々に減退させたり，ないしは消失させたりするのである。実際に，生活における美はどこにでも存在し，我々が日頃から少しだけ気をつけ，わずかな労力を費やすだけで，さまざまなすばらしさを発見し，享受することができる。しかし我々の生活の中にはほとんどの時間，味気なさと退屈がはびこっているがゆえに，フレッシュな感覚が次第に失われ，さしてすばらしくもない現状を受け入れるのに慣れ，あるいは我々がすでにかつてもっていたあのどこにでも美を見つけられた目を失ってしまったとも言える。これは実に残念なことである。

今，我々はよくある言葉を耳にする。それは儀式感。いわゆる儀式感とは日常生活において，特別な気分を適切に創造し，あまり「日常的」ではないことを作り出すことで，自分自身の生活をありきたりなものに戻さないようにすることである。変化の乏しい日常生活によって人は疲労を感じ，まひするような感覚になりやすく，儀式感はまさに疲労感に打ち勝つ武器となる。儀式感は平凡な日々を高め，さらには生活そのものを高めるのである。それは生活をもはや永遠不変にならないようにすることができ，生活というものが「その場限りでおろそかにして過ごす」ようなものではないはずだと伝えてくれる。儀式感は我々に生活に対する愛をもたせ，美しい未来への憧れを保ち，無視できない効果をもたらす。儀式感の重視は我々に人や物に対して常に「初心」を抱かせ

るための最も有効な方法かもしれない。

(1) 空欄補充
    ① 不足为虑    ② 不足为凭    ③ 不足为训    ❹ 不足为怪

    "哪怕是对自己眼中曾经十分美好的事物"に対して，"产生审美疲劳"がどのようなことであるかを述べていることから，"不足为怪"（怪しむに足りない）を選びます。"不足为虑"は「心配するに及ばない」，"不足为凭"は「根拠が不足している」，"不足为训"は「手本とするほどではない」という意味です。

(2) 空欄補充
    ① 弃暗投明    ❷ 窗明几净    ③ 光明磊落    ④ 明镜高悬

    "譬如刚搬入新居时，你一定会让你的新家整天"に続く語として，"窗明几净"（部屋が清潔で明るいさま）が正解です。"弃暗投明"は「悪人が足を洗うこと」，"光明磊落"は「やましいことがないこと」，"明镜高悬"は「判決が公正であること」という意味です。

(3) 空欄補充
    ❶ 杯盘狼藉    ② 狼烟四起    ③ 如狼似虎    ④ 狼狈不堪

    机の上の状況について述べていることから，"杯盘狼藉"（宴席が乱れているさま）が正解です。"狼烟四起"は「情勢が不安定なさま」，"如狼似虎"は「非常に凶悪であるさま」，"狼狈不堪"は「ひどく慌てるさま」という意味です。

(4) 空欄補充
    ① 掩护    ❷ 呵护    ③ 袒护    ④ 庇护

    ここでは新車を例にとり大事に扱うと述べています。ものを大切にするという意味で用いることのできる"呵护"（保護する）を選びます。"掩护"は「援護する，かくまう」，"袒护"は「肩を持つ，えこひいきする」，"庇护"は「庇護する」という意味です。

(5) 空欄補充（不適当）
    ① 污迹    ② 污垢    ③ 污渍    ❹ 污蔑

「名詞＋"满身"」で「…でいっぱいである」という意味で，"满身"の前には名詞が来るため，動詞の"污蔑"（誹謗する）が不適当です。"污迹"は「シミ」，"污垢"は「あか」，"污渍"は「汚れ，シミ」という意味で，いずれも名詞です。

(6) ピンイン表記

① yìjìn　　　② dàijǐn　　　③ yìjǐn　　　❹ dàijìn

(7) 空欄補充

❶ 乏味　　　② 乏力　　　③ 匮乏　　　④ 困乏

　"无聊"とともに生活の中で感じられる感覚としてふさわしいことから，"乏味"（味気ない）が正解です。"乏力"は「気力がない」，"匮乏"は「物が欠乏する」，"困乏"は「疲れる，困窮する」という意味です。

(8) 空欄補充

① 平易近人　　❷ 平淡无奇　　③ 平心而论　　④ 平白无故

　"做出一些不太'日常'的事儿，使自己的生活不再那么"という文脈で，"日常"と同義の言葉が続くべきですから，"平淡无奇"（平凡でありきたりである）が正解です。"平易近人"は「（文章が）平易で分かりやすい」，"平心而论"は「公平に論じる」，"平白无故"は「何の理由もない」という意味です。

(9) 空欄補充

① 念一通经　　② 烧一炷香　　❸ 撞一天钟　　④ 挑一担水

　"当一天和尚，撞一天钟"は，何事もその場限りでやり過ごす消極性を形容することわざですから，"撞一天钟"（その日に鐘をつく，その場限りのことをする）が正解です。"念一通经"は「ひとしきり経をあげる」，"烧一炷香"は「1本の線香を上げる」，"挑一担水"は「一荷（一担ぎ）の水を担ぐ」という意味です。

(10) 内容不一致

① 再美的东西也会有看够的时候。（いかに美しいものも見飽きる時が来る。）

② 找到美好的东西其实并不太难。

（すばらしいものを見つけるのは実はさほど難しくはない。）

119

③ 喜新厌旧是多数人普遍的心态。

（新しさを好み，古さを嫌うのは多くの人の普遍的な心理である。）

❹ 初见的人或物一定都是美好的。

（初めて見る人や物はみな必ずすばらしいものである。）

<hr>

2 適当な語句を補います。読解力と語句の知識を問います。 （各2点）

解答：⑴ ❸　⑵ ❷　⑶ ❹　⑷ ❸　⑸ ❶　⑹ ❶　⑺ ❷　⑻ ❹　⑼ ❹　⑽ ❷

⑴ 跟真正的大家比起来，我的作品不过是（　涂鸦　）而已。

（真の大家と比べたら，わたしの作品は落書きにすぎない。）

① 老鸦（カラス）　　　　　　② 麻雀（スズメ）

❸ 涂鸦（いいかげんに書いたもの）　④ 云雀（ヒバリ）

> 　唐代の詩人盧仝の詩「示添丁」の中の一節"塗抹詩書如老鴉"から「いいかげんに書いたもの，落書き」という意味があり"涂鸦"が正解です。

⑵ 有关部门的一再（　推诿　），使事情发展到了今天的地步。（関係部署が何度も責任をなすりつけたために，状況は今日の事態に陥ってしまった。）

① 推拿（マッサージする）　　　❷ 推诿（責任をなすりつける）

③ 推辞（辞退する）　　　　　　④ 推搡（ぐいぐい押す）

> 　今日の状況に陥った要因を述べていることから，"推诿"が正解です。

⑶ 谁也没想到事情的结果会是这样，实在令人（　唏嘘　）。

（結果的にこのようなことになるとは誰も考えもしなかった，実に悲しいことだ。）

① 嘟囔（ブツブツ言う）　　　　② 唠叨（だらだらしゃべる）

③ 啰唆（くどくど言う）　　　　❹ 唏嘘（シクシク泣く）

> 　予想外の出来事に関して述べていることから，"唏嘘"が正解です。

⑷ 遇到事情了应当勇于承担责任，不能总是（　甩锅　）。

（事に出会った時は敢然と責任を負わねばならず，責任逃れはしてはいけない。）

① 背锅（濡れ衣を着る）　　　　② 砸锅（失敗する）

❸ 甩锅（責任逃れをする）　　　④ 炸锅（大騒ぎになる）

> 　「責任を負わねばならない」に続けて禁ずべきことを述べていることから，"甩锅"が正解です。

120

(5) 在完成这项任务的过程中，我们遇到了不少（ 拦路虎 ）。

（この任務を完了させるプロセスで，我々は多くの障害に遭遇した。）

❶ 拦路虎（邪魔もの）　　　　② 落汤鸡（ずぶぬれのさま）

③ 丧家犬（寄る辺のない人）　④ 中山狼（恩を仇で返す人）

> 任務完了までのプロセスで遭遇するものとして，"拦路虎"が正解です。

(6) 那件事在我这儿早就（ 翻篇儿 ）了，你也别再提了。

（その事はもうわたしが水に流したから，あなたはもう持ち出すな。）

❶ 翻篇儿（水に流す）　　　　② 翻跟头（つまずく）

③ 翻旧账（蒸し返す）　　　　④ 翻白眼（白目をむく）

(7) 因为这次活动要个人（ 掏腰包 ），所以参加的人不太多。（このたびの催しは個人が自腹を切らなければならないので，参加する人はあまり多くはない。）

① 结对子（ペアになる）　　　❷ 掏腰包（自腹を切る）

③ 打圆场（その場をまるく収める）　④ 捅娄子（面倒を引き起こす）

> 会に参加する人があまり多くない理由を述べていることから，"掏腰包"が正解です。

(8) 跟他打交道很困难，因为他总是（ 不按套路出牌 ）。（彼と付き合うのは難しい，それは彼がいつも決まった方法でやってくれないからだ。）

① 海水不可斗量（見かけで人は分からない）

② 不可同日而语（一概に論じることができない）

③ 百思不得其解（いくら考えても分からない）

❹ 不按套路出牌（一般的な方法でやらない）

> 彼との付き合いの難しさは，彼が「一般的な方法でやらない」からであり，"不按套路出牌"が正解です。

(9) 两年前还非常抢手的商品，今天已经（ 无人问津 ）了。

（２年前は売れ筋の商品だったが，今日ではもう誰も買おうとしなくなった。）

① 无懈可击（付け入る隙がない）

② 无地自容（穴があったら入りたい）

③ 无独有偶（一度きりではなく，同じことが起こる）

❹ 无人问津（誰も顧みようとしない）

⑽ 他们曾经是亲密无间的好朋友，现在却（ 视同陌路 ）了。

（彼らはかつてこの上なく親密な間柄の友人同士だったが，今は赤の他人のように
なってしまった。）

① 穷途末路（行き止まりになる）　　❷ 视同陌路（赤の他人のようである）

③ 走投无路（窮地に陥っている）　　④ 轻车熟路（仕事を円滑に進める）

　　過去には親密な間柄だったのが，"现在却…"と現状については否定
的に述べられていることから，"视同陌路"が正解です。

3　正しく解釈した文を選びます。語句や表現の意味についての知識を問います。

（各2点）

解答：⑴ ❸　⑵ ❶　⑶ ❸　⑷ ❹　⑸ ❷　⑹ ❶　⑺ ❷　⑻ ❹

⑴ 凭着一手绝活儿，几十年来他在行业中始终独占鳌头。（特別な技芸によっ
て，何十年にもわたって彼は業界で常にトップの座を独占してきた。）

① 没有人能够掌握的技能。（誰も修得できない技能。）

② 早已经不存在了的技能。（とっくの昔にすたれた技能。）

❸ 一般人所不具备的技能。（普通の人は持ち合わせていない技能。）

④ 只在传说中有过的技能。（伝説でのみ存在する技能。）

⑵ 不知为什么一直穷困潦倒的他突然间飞黄腾达了。（なぜか分からないがずっ
と落ちぶれていた彼が突然トントン拍子に出世してしまった。）

❶ 指官职地位上升得很快。（出世や昇進がとても速いことを指す。）

② 指前进的速度迅速提高。（前進するスピードが速くなることを指す。）

③ 指收到意想不到的效果。（予想もしていなかった成果を収めることを指す。）

④ 指从束缚中获得了自由。（束縛から自由を得ることを指す。）

　　"飞黄腾达"の"飞黄"は伝説の神馬の名前，"腾达"は「上昇」する
の意味で，「とんとん拍子に出世する」という意味になります。

⑶ 这个赛季红队取得冠军是板上钉钉的事儿了。

（今シーズンの紅組の優勝はもう間違いなしだ。）

① 比喻轻而易举地达到目的。（たやすく目的を達成することのたとえ。）

② 比喻根本无法达成的目标。（全く目標を達成できないことのたとえ。）

❸ 比喻基本实现了某个目标。（基本的にある目標を実現したことのたとえ。）

④ 比喻迫切希望达到的目的。

（目的を達成することを切実に願うことのたとえ。）

(4) 你们两个人是<u>半斤八两</u>，谁也别瞧不起谁。

（あなたたち二人は似たり寄ったりだから，お互いにばかにすることはやめなさい。）

① 比喻情况不好判断。（状況の判断がつかないことのたとえ。）

② 比喻情况相差很多。（状況が大いに違うことのたとえ。）

③ 比喻情况完全相反。（状況が全く逆であることのたとえ。）

❹ 比喻情况大致相同。（状況が似たり寄ったりであることのたとえ。）

　“半斤八两”は，旧時の1斤は16両で“半斤”は「8両」にあたるところから，「五分五分」「似たり寄ったり」「どんぐりの背比べ」の意味になります。

(5) 他从一开始就抱着<u>得过且过</u>的态度对待自己的工作。

（彼は最初から場当たり的な態度で自分の仕事に対処していた。）

① 指积极进取，不怕困难。

（向上しようと努力して，困難を恐れないことを指す。）

❷ 指敷衍了事，不负责任。（いい加減にやって，責任を負わないことを指す。）

③ 指兢兢业业，不知疲倦。

（こつこつとまじめにやって，疲れを知らないことを指す。）

④ 指勤勤恳恳，不计报酬。

（こまめにやって，報酬など気にしないことを指す。）

(6) 看到眼前这种情景，周围的人都为他<u>捏了一把汗</u>。

（眼前のこの情景を見て，周囲の人はみな彼のために手に汗を握った。）

❶ 比喻因担心而感到紧张。（心配のあまり緊張を感じたことのたとえ。）

② 比喻因新奇而感到兴奋。（目新しくて興奮を感じたことのたとえ。）

③ 比喻因陌生而感到恐惧。（見慣れずに恐怖を感じたことのたとえ。）

④ 比喻因无助而感到绝望。（助けがなく絶望を感じたことのたとえ。）

(7) 你觉得一个领导总是说这样<u>模棱两可</u>的话合适吗？（あなたはリーダーたる者がこんなどっちつかずのことをいつも言うことが適切だと思いますか。）

① 形容两种完全不相同的意见。

（2つの完全に逆の意見であることを形容する。）

❷ 形容没有明确的态度或意见。（明確な態度や意見がないことを形容する。）

③ 形容不允许存在第三种意见。

（第三者の意見が存在することを許さないことを形容する。）

④ 形容其他人无法反驳的意见。

（その他の人が反論できない意見であることを形容する。）

(8) 一向<u>恃才傲物</u>的李林终于在这件事上栽了个大跟头。（才をたのんで他人を見下してばかりいる李林はついにこの事で大きな失敗をした。）

① 指虽然很有钱但生活非常朴素。

（お金があるが生活は非常に質素であることを指す。）

② 指由于自己有钱而不懂得珍惜。

（自分にお金があることで大切にすることを知らないことを指す。）

③ 指刚有一点儿进步就骄傲起来。

（少し進歩したぐらいですぐにおごり高ぶることを指す。）

❹ 指依仗自己有才能而蔑视他人。

（自分の才をたのんで他人を見下すことを指す。）

---

**4** 600字前後の文章を読み，2か所の文を日本語に訳します。全体の内容を理解しながら日本語に翻訳する力を問います。 （各10点）

　　以往一个新词或新句式出现后，往往需要很长时间才能得到公众的广泛认可，短则几个月，长则几年。而在当下则不然，流行语大多是通过网络传播开来的，可能在几天之内就完成了扩散、被认可、受热捧的过程。与此同时，源自某个词语的新结构和新用法也随之产生，甚至"喧宾夺主"地成为人们的"新宠"。但是不得不说，流行词语也普遍面临着一个问题，那就是"其兴也勃焉，其亡也忽焉"。(1)<u>有不少十分火爆的流行语，在各领风骚一段时间后，很快就会被大浪淘沙，只有极少数得以存留。</u>这可能就是大多数流行语的宿命吧。

　　(2)<u>网络流行语的一大特点就是随意的、轻松的、诙谐的，甚至戏谑的。因此在正式、庄重的场合不宜使用。</u>"流行语"，顾名思义就是当下正在流行的词语，要想使用就应当"趁热打铁"。使用过时已久的"流行语"往往会适得其反，让自己所要表达的意思大打折扣，同时还会给听者留下"落伍者"的不良印象。在适当的语境中，选用适当的流行语才能收到事半功倍的效果。

訳：かつては一つの新語や新しい言い回しが出てから，短ければ数か月，長ければ数年といった長い時間をかけてようやく幅広い大衆の認知を得ていた。しかし目下はそうではなく，流行語の多くはネットを通じて広がり，数日のうちに拡散，認知，大人気となるプロセスが完了するのかもしれない。それと同時に，ある語に由来する新しい構造と新しい用法もそれに伴って発生し，甚だしいときは「主客転倒」のように人々の「新たなブーム」となる。しかし，流行語も普遍的に一つの問題に，つまり「熱しやすく冷めやすい」という問題に直面することになる。(1)かなり広がった流行語でもその多くは，それぞれがしばしの間注目を集めてから，アッという間に大波にさらわれ，淘汰され，極めて少数しか生き残ることができない。これは大多数の流行語の宿命なのかもしれない。

　(2)ネットの流行語の大きな特徴は，気ままで，気楽で，諧謔的で，ふざけてさえいて，そのため正式で，厳かな場で使用するのはふさわしくないというものである。「流行語」はその名のとおり目下において流行している言葉で，使いたいと思ったら「鉄は熱いうちに打て」ねばならない。時代遅れになった「流行語」は往々にして裏腹の効果をもたらし，自分が伝えたかった意味から大きく離れることになってしまい，それと同時に聞き手に「落伍者」のような悪い印象を残してしまう可能性もあるのである。適切な場面で，適切な流行語を繰り出してこそ少ない労力で最大の効果を収めることができるのである。

(1)・(2)　上記参照

> 　(1)"火爆"は「ヒットした」「人気のある」と訳しても可。"各領風騒"は「それぞれ大いに注目される」「大いにはやった」の意味。"大浪淘沙"は「大波にさらわれ，淘汰された」あるいは「淘汰された」という訳が適当で「忘れ去られる」としても可です。"得以"は「…によって…ができる」という意味ですが，ここでは単に「できる」と訳しましょう。
> 　(2)"甚至"は「甚だしくは」「さえも」なども可。"诙谐"は「ユーモラス」「面白半分」などと訳してもよいでしょう。"戏谑"は「ふざける」「冗談を言う」という意味で"庄重""フォーマル""重々しい"などとしてもよいです。

5 100字程度の日本語の文章２題を中国語に訳し，指定された語句を使用して
1つの事柄について作文します。会話，手紙，論説などの少しまとまった長
さの文章を組み立てる能力を問います。 (各8点)

(1) 世の中には「働きたい会社」「年収が高い会社」「ホワイト企業」「国際化が
進んでいる企業」などさまざまな企業ランキングが存在するが，ある従業
員の意識調査機関が毎年発表している「働きがいのある会社ランキング」
の最大の特徴は，世界約100か国で共通している評価基準を用いている点
だ。

世界上有各种各样关于企业的排名，比如最想进的企业、年薪高的企业、
声誉好的企业、国际化程度高的企业等。某意识调查研究所每年发布的"有
干头的企业排名"最大的特点是采用了世界上约100个国家共同的评价
标准。

> 「働きたい会社」は"想在那里工作""成为员工"などとしても可。「ホ
> ワイト企業」は"声誉好""口碑好"あるいは"白色企业"としてもよ
> いでしょう。「ランキング」は"排名""排行榜""名次"などとしても可。
> 「働きがいのある」は"有干头"ですが"能实现自我价值"と意訳して
> もよいでしょう。

(2) ある留学生は，「日本は来る前のイメージとはまったく逆だった。接する人
たちはみな優しく，施設内は驚くほど清潔だった。介護福祉士としてのき
め細かなサービスのほかにも，外食に行ったら店の人が片づけやすいよう
に食器を重ねて帰るといった母国では教わらなかったマナーを知った」と
感想を述べた。

一个留学生说他对日本的印象和来日本之前完全相反。接触到的人都很
热情，各种设施里面都非常清洁。他说自己知道了在自己国家没学过的
礼仪，除了护理人员细微的服务外，在外面用餐时，客人会把餐具叠放
在一起后再离开，以方便店员收拾。

> 「まったく逆だった」は"完全不同"としても可。「驚くほど」は"令
> 人吃惊""到了令人吃惊的程度"なども可。「片づけやすい」は"方便收
> 拾""方便清理"などとしてもよいでしょう。

(3) 「友達」について "信任""帮助""理解""关心""鼓励"中から3つ以上
を使用。

（作文例）一个好汉三个帮，谁都有朋友。那么什么是朋友？就是可以相互信任，相互帮助的人。朋友最能理解你，分享你的喜悦与忧愁。"君子之交淡如水"，朋友相处是一种相互认可，相互仰慕，相互鼓励，相互感知的过程，朋友之间不可有太多的铜臭。

（一人の好漢には３人の助っ人がいるという。誰にでも友はいるものなのだ。では友とは何だろうか。それは，互いに信頼しあい，助け合える人である。友は，あなたを最もよく理解し，喜びと悲しみを分かち合うことができる人である。「君子の交わりは水のごとし」，友と付き合うことは，認め合い，慕い合い，励まし合い，理解し合うことである。友人どうしの間ではお金もうけの話が多く出るべきではない。）

# 中国語検定試験について

　一般財団法人 日本中国語検定協会が実施し，中国語運用能力を認定する試験です。受験資格の制限はありません。また，目や耳，肢体などが不自由な方には特別対応を講じます。中国語検定試験の概要は以下のとおりです。詳しくは後掲（131頁）の日本中国語検定協会のホームページや，協会が発行する「受験案内」をご覧いただくか，協会に直接お問い合わせください。

## 認定基準と試験内容

| 準4級 | **中国語学習の準備完了**<br>学習を進めていくうえでの基礎的知識を身につけている。<br>（一般大学の第二外国語において半年以上，高等学校において一年以上，中国語専門学校・講習会等において半年以上の学習程度。）<br>基礎単語約500，日常あいさつ語約80から<br>○単語・語句の発音，数を含む表現，日常生活における基本的な問答及びあいさつ表現の聞き取り<br>○単語・語句のピンイン表記<br>○基礎的な文法事項及び単文の組み立て<br>○簡体字の書き取り |
|---|---|
| 4　級 | **中国語の基礎をマスター**<br>平易な中国語を聞き，話すことができる。<br>（一般大学の第二外国語において一年以上の学習程度。）<br>常用語約1,000から<br>○日常生活における基本的な問答，比較的長い会話文または文章の聞き取りと内容理解<br>○単語・語句のピンイン表記・声調<br>○基本的な文法事項及び文法事項を含む単文の組み立て<br>○比較的長い文章の内容理解<br>○日本語の中国語訳（記述式） |
| 3　級 | **自力で応用力を養いうる能力の保証（一般的事項のマスター）**<br>基本的な文章を読み，書くことができる。<br>簡単な日常会話ができる。<br>（一般大学の第二外国語において二年以上の学習程度。）<br>常用語約2,000から<br>○日常生活における基本的な問答，比較的長い会話文または文章の聞き取りと内容理解<br>○単語・語句のピンイン表記・声調<br>○基本的な文法事項及び文法事項を含む単文・複文の組み立て<br>○比較的長い文章の内容理解<br>○日本語の中国語訳（記述式） |

| | |
|---|---|
| **2 級** | **実務能力の基礎づくり完成の保証**<br>複文を含むやや高度な中国語の文章を読み，3級程度の文章を書くことができる。<br>日常的な話題での会話ができる。<br>日常生活全般及び社会生活の基本的事項における中国語から<br>○日常会話及び長文の聞き取りと内容理解<br>○長文読解と長文中の語句に関する理解<br>○正しい語順と語句の用法，熟語・慣用句を含む語句の解釈<br>○長文中の指定語句の書き取り及び指定文の日本語訳（記述式）<br>○日本語の中国語訳（記述式）<br>○与えられた語句を用いたテーマに沿った中国語作文（記述式） |
| **準1級** | **実務に即従事しうる能力の保証（全般的事項のマスター）**<br>社会生活に必要な中国語を基本的に習得し，通常の文章の中国語訳・日本語訳，簡単な通訳ができる。<br>日常生活及び社会生活全般における，新聞・雑誌・文学作品・実用文のほか，時事用語などを含むやや難度の高い中国語から<br>**（一次）**<br>○長文の聞き取りと内容理解<br>○長文中の指定文の書き取り（記述式）<br>○長文読解と長文中の語句に関する理解<br>○語句の用法，熟語・慣用句を含む語句の解釈<br>○長文中の指定語句の書き取り及び指定文の日本語訳（記述式）<br>○比較的長い日本語の中国語訳（記述式）<br>○与えられた語句を用いたテーマに沿った中国語作文（記述式）<br>**（二次）**<br>○日常会話，簡単な日本語・中国語の逐次通訳及び中国語スピーチ |
| **1 級** | **高いレベルで中国語を駆使しうる能力の保証**<br>高度な読解力・表現力を有し，複雑な中国語及び日本語（あいさつ・講演・会議・会談等）の翻訳・通訳ができる。<br>日常生活及び社会生活全般における，新聞・雑誌・文学作品・実用文のほか，時事用語などを含む難度の高い中国語から<br>**（一次）**<br>○長文の聞き取りと内容理解<br>○長文中の指定文の書き取り（記述式）<br>○長文読解と長文中の語句に関する理解<br>○語句の用法，熟語・慣用句を含む語句の解釈<br>○長文中の指定文の日本語訳（記述式）<br>○比較的長い日本語の中国語訳（記述式）<br>○与えられた語句を用いたテーマに沿った中国語作文（記述式）<br>**（二次）**<br>○難度の高い日本語・中国語の逐次通訳 |

## 日程と時間割

準4級，4級，3級，2級及び準1級の一次試験は3月，6月，11月の第4日曜日の年3回，1級の一次試験は11月の第4日曜日の年1回実施します。

一次試験は次の時間割で実施し，午前の級と午後の級は併願できます。

| 午　前 | | | 午　後 | | |
|---|---|---|---|---|---|
| 級 | 集合時間 | 終了予定時間 | 級 | 集合時間 | 終了予定時間 |
| 準4級 | | 11:05 | 4　級 | | 15:15 |
| 3　級 | 10:00 | 11:55 | 2　級 | 13:30 | 15:45 |
| 準1級 | | 12:15 | 1　級 | | 15:45 |

※　2024年3月試験より準4級・4級の試験時間を変更しました。

準1級と1級の二次試験は，一次試験合格者及び一次試験免除者を対象に，一次が3月・6月の場合は5週間後，一次が11月の場合は翌年1月の第2日曜日に実施します。（協会ホームページに日程掲載）

## 受験会場

全国主要都市に約30か所，海外は3か所を予定しています。二次試験は，原則としてZoomによるオンラインで実施します（2024年4月現在）。

## 受験料（税込）

郵送またはインターネットで受付けます。

| 準4級 | 4　級 | 3　級 | 2　級 | 準1級 | 1　級 |
|---|---|---|---|---|---|
| 3,500円 | 4,800円 | 5,800円 | 7,800円 | 9,800円 | 11,800円 |

(2024年4月現在)

## 出題・解答の方式，配点，合格基準点

| 級 | 種類 | 方式 | 配点 | 合格基準点 |
|---|---|---|---|---|
| 準4級 | リスニング | 選択式 | 50点 | 60点 |
| | 筆　記 | 選択式・記述式 | 50点 | |
| 4　級 | リスニング | 選択式 | 100点 | 60点 |
| | 筆　記 | 選択式・記述式 | 100点 | 60点 |
| 3　級 | リスニング | 選択式 | 100点 | 65点 |
| | 筆　記 | 選択式・記述式 | 100点 | 65点 |

| | | | | |
|---|---|---|---|---|
| 2　級 | リスニング | 選択式 | 100点 | 70点 |
| | 筆　記 | 選択式・記述式 | 100点 | 70点 |
| 準1級 | リスニング | 選択式・記述式 | 100点 | 75点 |
| | 筆　記 | 選択式・記述式 | 100点 | 75点 |
| 1　級 | リスニング | 選択式・記述式 | 100点 | 85点 |
| | 筆　記 | 選択式・記述式 | 100点 | 85点 |

・解答は，マークシートによる選択式及び一部記述式を取り入れています。また，録音によるリスニングを課し，特に準1級・1級にはリスニングによる書き取りを課しています。

・記述式の解答は，簡体字の使用を原則としますが，2級以上は特に指定された場合を除き，簡体字未習者の繁体字使用は妨げません。ただし，字体の混用は減点の対象とします。

・4級～1級は，リスニング・筆記ともに合格基準点に達していないと合格できません。準4級は合格基準点に達していてもリスニング試験を受けていないと不合格となります。

・合格基準点は，難易度を考慮して調整することがあります。

## 二次試験内容

　準1級は，面接委員との簡単な日常会話，口頭での中文日訳と日文中訳，指定されたテーマについての口述の3つの試験を行い，全体を通しての発音・イントネーション及び語彙・文法の運用能力の総合的な判定を行います。10～15分程度。合格基準点は75点／100点

　1級は，面接委員が読む中国語長文の日本語訳と，日本語長文の中国語訳の2つの試験を行います。20～30分程度。合格基準点は各85点／100点

---

一般財団法人 日本中国語検定協会

〒103-8468　東京都中央区東日本橋2-28-5協和ビル

Tel：03-5846-9751　　Fax：03-5846-9752

ホームページ：http://www.chuken.gr.jp

E-mail：info@chuken.gr.jp

## 試験結果データ（2023年実施分）

L：リスニング　W：筆記　□試1：中文日訳　□試2：日文中訳

| 第108回 | 準4級 | 4級 | | 3級 | | 2級 | | 準1級 | 準1級二次 | 1級一次 | | 1級二次 |
|---|---|---|---|---|---|---|---|---|---|---|---|---|
| | | L / W | | L / W | | L / W | | L / W | □試 | L / W | | □試1/□試2 |
| 合格基準点 | 60 | 60(55) /60 | | 65(55) /65(60) | | 70(65) /70 | | 75/75 | 75 | — | | — |
| 平均点 | 74.1 | 63.3/70.6 | | 57.1/69.7 | | 62.9/64.3 | | 66.5/63.3 | 84.3 | — | | — |
| 志願者数 | 1,176 | 1,651 | | 1,958 | | 896 | | 355 | 62 | — | | — |
| 受験者数 | 1,004 | 1,443 | | 1,703 | | 804 | | 316 | 58 | — | | — |
| 合格者数 | 808 | 856 | | 809 | | 235 | | 61 | 56 | — | | — |
| 合格率 | 80.5% | 59.3% | | 47.5% | | 29.2% | | 19.3% | 96.6% | — | | — |

| 第109回 | 準4級 | 4級 | | 3級 | | 2級 | | 準1級一次 | 準1級二次 | 1級一次 | | 1級二次 |
|---|---|---|---|---|---|---|---|---|---|---|---|---|
| | | L / W | | L / W | | L / W | | L / W | □試 | L / W | | □試1/□試2 |
| 合格基準点 | 60 | 60(55) /60(55) | | 65(50) /65(50) | | 70(65) /70(65) | | 75/75 | 75 | — | | — |
| 平均点 | 66.4 | 64.2/64.3 | | 53.2/61.9 | | 59.2/59.7 | | 61.1/60.6 | 87.0 | — | | — |
| 志願者数 | 973 | 1,449 | | 1,892 | | 946 | | 377 | 57 | — | | — |
| 受験者数 | 848 | 1,282 | | 1,670 | | 871 | | 338 | 52 | — | | — |
| 合格者数 | 596 | 764 | | 819 | | 269 | | 54 | 49 | — | | — |
| 合格率 | 70.3% | 59.6% | | 49.0% | | 30.9% | | 16.0% | 94.2% | — | | — |

| 第110回 | 準4級 | 4級 | | 3級 | | 2級 | | 準1級一次 | 準1級二次 | 1級一次 | | 1級二次 |
|---|---|---|---|---|---|---|---|---|---|---|---|---|
| | | L / W | | L / W | | L / W | | L / W | □試 | L / W | | □試1/□試2 |
| 合格基準点 | 60 | 60(55) /60(55) | | 65/65 | | 70/70 | | 75/75 | 75 | 85/85 | | 85/85 |
| 平均点 | 67.3 | 66.4/63.5 | | 65.5/66.7 | | 72.3/63.0 | | 65.5/68.1 | 85.6 | 76.5/71.5 | | 72.2/69.2 |
| 志願者数 | 2,085 | 2,085 | | 2,363 | | 1,180 | | 346 | 81 | 214 | | 28 |
| 受験者数 | 1,875 | 1,819 | | 2,063 | | 1,043 | | 306 | 79 | 204 | | 28 |
| 合格者数 | 1,246 | 1,086 | | 895 | | 345 | | 76 | 77 | 22 | | 10 |
| 合格率 | 66.5% | 59.7% | | 43.4% | | 33.1% | | 24.8% | 97.5% | 10.8% | | 35.7% |

※　二次志願者数には，一次試験免除者を含みます。
※　合格基準点欄（　）内の数字は，難易度を考慮して当該回のみ適用された基準点です。

カバーデザイン：トミタ制作室

音声ストリーミング，ダウンロード

中検準1級・1級試験問題2024［第108・109・110回］解答と解説

2024 年 4 月 22 日　初版印刷
2024 年 4 月 28 日　初版発行

編　者　一般財団法人 日本中国語検定協会
発行者　佐藤和幸
発行所　白 帝 社

〒 171-0014　東京都豊島区池袋 2-65-1
TEL 03-3986-3271　FAX 03-3986-3272
info@hakuteisha.co.jp　http://www.hakuteisha.co.jp/

印刷 倉敷印刷（株）／㈱ティーケー出版印刷

第　　　回　　準1級　解答用紙　　　　　リスニング

受験番号

会場

氏名

**1**

| | 1 | 2 | 3 | 4 | | | 1 | 2 | 3 | 4 |
|---|---|---|---|---|---|---|---|---|---|---|
| (1) | | | | | | (6) | | | | |
| (2) | | | | | | (7) | | | | |
| (3) | | | | | | (8) | | | | |
| (4) | | | | | | (9) | | | | |
| (5) | | | | | | (10) | | | | |

**2**

点数

(1)

(2)

(3)

(4)

(5)

第　　　回　　　準1級　解答用紙　　　筆記 1 2 3 4

| 受験番号 | | | | | | | |
|---|---|---|---|---|---|---|---|
| 会場 | | | | | | | |
| 氏名 | | | | | | | |

**1**
(1) 1 2 3 4
(2) 1 2 3 4
(3) 1 2 3 4
(4) 1 2 3 4
(5) 1 2 3 4
(6) 1 2 3 4
(7) 1 2 3 4
(8) 1 2 3 4
(9) 1 2 3 4
(10) 1 2 3 4

**2**
(1) 1 2 3 4
(2) 1 2 3 4
(3) 1 2 3 4
(4) 1 2 3 4
(5) 1 2 3 4
(6) 1 2 3 4
(7) 1 2 3 4
(8) 1 2 3 4
(9) 1 2 3 4
(10) 1 2 3 4

**3**
(1) 1 2 3 4
(2) 1 2 3 4
(3) 1 2 3 4
(4) 1 2 3 4
(5) 1 2 3 4
(6) 1 2 3 4
(7) 1 2 3 4
(8) 1 2 3 4

**4**
(a) 　　　　　　(b)

点数

(1)

(2)

| 受験番号 | | | | | | | |
|---|---|---|---|---|---|---|---|
| 会場 | | | | | | | |
| 氏名 | | | | | | | |

点数

**5**

(1)

(2)

(3)

50

80

第　　　回　　　1級　解答用紙　　　リスニング

**1**

| | 1 | 2 | 3 | 4 |
|---|---|---|---|---|
| (1) | | | | |
| (2) | | | | |
| (3) | | | | |
| (4) | | | | |
| (5) | | | | |

| | 1 | 2 | 3 | 4 |
|---|---|---|---|---|
| (6) | | | | |
| (7) | | | | |
| (8) | | | | |
| (9) | | | | |
| (10) | | | | |

**2**

点数

(1)

(2)

(3)

(4)

(5)

第　　　回　　　1級　解答用紙　　　筆記 1 2 3 4

| 受験番号 | | | | | | | |
|---|---|---|---|---|---|---|---|
| 会場 | | | | | | | |
| 氏名 | | | | | | | |

**1**

| | 1 | 2 | 3 | 4 |
|---|---|---|---|---|
| (1) | ▭ | ▭ | ▭ | ▭ |
| (2) | ▭ | ▭ | ▭ | ▭ |
| (3) | ▭ | ▭ | ▭ | ▭ |
| (4) | ▭ | ▭ | ▭ | ▭ |
| (5) | ▭ | ▭ | ▭ | ▭ |
| (6) | ▭ | ▭ | ▭ | ▭ |
| (7) | ▭ | ▭ | ▭ | ▭ |
| (8) | ▭ | ▭ | ▭ | ▭ |
| (9) | ▭ | ▭ | ▭ | ▭ |
| (10) | ▭ | ▭ | ▭ | ▭ |

**2**

| | 1 | 2 | 3 | 4 |
|---|---|---|---|---|
| (1) | ▭ | ▭ | ▭ | ▭ |
| (2) | ▭ | ▭ | ▭ | ▭ |
| (3) | ▭ | ▭ | ▭ | ▭ |
| (4) | ▭ | ▭ | ▭ | ▭ |
| (5) | ▭ | ▭ | ▭ | ▭ |
| (6) | ▭ | ▭ | ▭ | ▭ |
| (7) | ▭ | ▭ | ▭ | ▭ |
| (8) | ▭ | ▭ | ▭ | ▭ |
| (9) | ▭ | ▭ | ▭ | ▭ |
| (10) | ▭ | ▭ | ▭ | ▭ |

**3**

| | 1 | 2 | 3 | 4 |
|---|---|---|---|---|
| (1) | ▭ | ▭ | ▭ | ▭ |
| (2) | ▭ | ▭ | ▭ | ▭ |
| (3) | ▭ | ▭ | ▭ | ▭ |
| (4) | ▭ | ▭ | ▭ | ▭ |
| (5) | ▭ | ▭ | ▭ | ▭ |
| (6) | ▭ | ▭ | ▭ | ▭ |
| (7) | ▭ | ▭ | ▭ | ▭ |
| (8) | ▭ | ▭ | ▭ | ▭ |

**4**

点数

(1)

(2)